Klaus Kampmann
Thomas Staehelin

Einschlaf Tipps,
die auch in einer 24/7-Welt wirken

Einschlaf Tipps,
die auch in einer 24/7-Welt wirken

© 2010/2017 Idee, Text, Bilder und Grafiken:
Klaus Kampmann und Thomas Staehelin

1. Auflage Oktober 2011
2., erweiterte Auflage Januar 2015
3., erweiterte und aktualisierte Auflage März 2017

Paperback ISBN: 978-3-7439-0265-7
Hardcover ISBN: 978-3-7439-0266-4
E-Book   ISBN: 978-3-7439-0267-1

Verlag: tredition GmbH, Hamburg

Flow Zone EDITION
Herausgegeben von
Klaus Kampmann
und Thomas Staehelin.
Alle Rechte vorbehalten.

Inhaltsverzeichnis

So ist das Buch aufgebaut:

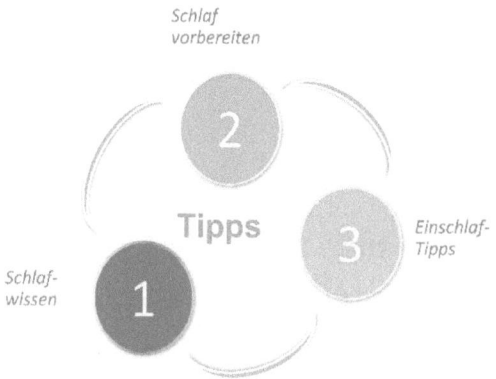

1. Das Basiswissen zum Thema Schlaf hilft zu verstehen, worauf es generell ankommt und wie man sich positiv einstellt.

2. Hinweise zur Schlafvorbereitung zeigen auf, wie man mühelos eine für sich günstige Schlafumgebung schafft.

3. Effektive Methoden, die helfen, leicht einschlafen zu können.

Achten Sie auf Ihren Schlaf, denn er ist ein wesentlicher Faktor für Ihre Leistungsfähigkeit und positiv für persönliches Wohlbefinden und Gesundheit – Ihr Leben lang!

> **Zu wenig Schlaf macht dick, dumm und krank.**
> Prof. Zulley, Spiegel 44/2011

Gut schlafen können ist entscheidend. Das weiß jeder, der schon einmal eine schlaflose Nacht erlebt hat. Im Schlaf regeneriert sich unser Körper, strukturiert sich das Gehirn. Wir verdichten und gestalten unsere Erfahrungen zu Erinnerungen und stabilisieren Gelerntes. Fehlt es uns an Schlaf, fühlen wir uns müde und erschöpft. Konzentrationsfähigkeit und Arbeitsleistung leiden. Schlafentzug wirkt sich negativ auf unsere Stimmungslage aus, macht uns reizbarer, schwächt unser Immunsystem. Chronischer Schlafmangel geht auf unsere Gesundheit.

Seit 2010 sind die Schlafstörungen bei Berufstätigen rasant angestiegen. Der DAK-Gesundheitsreport 2017 und weitere Studien kommen zu dem Ergebnis, dass allein in Deutschland ca. 80 Prozent der Erwerbstätigen schlecht schlafen. Fast jeder zehnte beklagt sich gar über schwere Schlafstörungen.

Immer mehr beschäftigte erleben Müdigkeit oder erschöpft sein am Arbeitsplatz. Die Ausfalltage wegen Schlafstörungen steigen kontinuierlich an. Doch nur wenige gehen deshalb zum Arzt, sie versorgen sich stattdessen mit rezeptfreien Medikamenten.

Die Ursachen für zunehmend schlechten Schlaf sind vielfältig, es sind u. a. der allgemeine Lebenswandel und die zu intensive bis in die späte Nacht Nutzung von elektronischen Geräten, einhergehend mit schwindender Selbstachtsamkeit.

Insgesamt wird das Thema gesund schlafen noch zu wenig beachtet, obwohl es rund 1/3 unseres Lebens ausmacht. Dieses Buch versorgt Sie mit genügend Grundwissen, um sich einen Plan für guten Schlaf zu erstellen.

Die miniTipps führen Theorie und praktische Umsetzbarkeit zusammen. Es gibt eine Reihe nützlicher Erklärungen und wirksamer Empfehlungen, die den gesunden Schlaf unterstützen – und sogar in der Schichtbetrieb-Welt funktionieren.

1. Was Sie über den Schlaf wissen sollten

Drei Gründe, warum Schlaf so wichtig ist

1. Erholung und Regeneration für Geist + Körper
2. Aktivieren von Wachstums- und Reparaturprozessen
3. Lernen und Verarbeiten, Gehirn- und Gedächtnispflege

Zu wenig Schlaf hat immer spürbare Folgen. Wenn wir eine Nacht nicht gut durchgeschlafen haben, stecken wir das noch ziemlich gut weg. Schlafen wir aber häufiger zu wenig, leiden Körper und Geist darunter. Zahlreiche Untersuchungen belegen, dass das Krankheitsrisiko bei Schlafmangel deutlich erhöht ist. **Schlafdefizit reduziert Konzentrationsfähigkeit und Aufmerksamkeit nachweisbar und erhöht das Fehlerrisiko.**
Bekannte Beispiele, die zu Katastrophen mit Milliardenschäden geführt haben, sind u. a. das Öltankerunglück Exxon Valdez von 1989. Das Schiff lief vor der Küste Alaskas auf ein Riff, weil der 3. Offizier am Steuer übermüdet war. 1986 versuchten übermüdete Ingenieure in der Nacht bis in die Morgenstunden einen komplizierten Ablauf im Reaktor von Tschernobyl in den Griff zu bekommen, was ihnen bekanntermaßen nicht gelang.

Schlafmangel produziert toxischen Stress. Das Immunsystem wird geschwächt, Stoffwechselstörungen, Herz-Kreislauf-Erkrankungen und ein erhöhtes Risiko, an Diabetes Typ II zu erkranken, nehmen rapide zu. Und: Menschen, die weniger schlafen, gleichen dieses Defizit oft mit mehr Essen aus. Denn: Bei weniger als fünf Stunden Schlaf pro Nacht wird das hungerfördernde Hormon Grehlin ausgeschüttet.[1] Gleichzeitig wird bei kürzerer Schlafdauer weniger vom Appetitzügler Leptin produziert. Eine amerikanische Studie[2] belegt, dass die Schlafdauer von 1960 bis ins Jahr 2000 von durchschnittlich 8,5 Stunden auf 6,5 Stunden gesunken ist. Gleichzeitig nahm die Anzahl der Übergewichtigen um mehr als 20 % zu. Ein ähnliches Ergebnis zeigt die IDEFICS-Studie,[3] die in Europa mit mehr als 16.000 Kindern durchgeführt wurde.

Der Schlaf ist für den ganzen Menschen,
was das Aufziehen für die Uhr.
Arthur Schopenhauer

Gesunder Schlaf bedeutet für einen erwachsenen Menschen, dass er in der Regel täglich sechs bis acht Stunden schläft. Dabei hat er in Summe viermal die ca. 90-minütigen Schlafzyklen durchlaufen, die zur vollständigen Erholung notwendig sind.

---

[1] www.adiposita-stiftung.de,
[2] http://www.cdc.gov/nchs/data/hus/hus06.pdf
[3] http://www.idefics.eu

Die beste Erholung erzielen wir, wenn wir ein „geregeltes Leben" leben und unsere individuellen Schlafzeiten einhalten können. Das ist in der heutigen 24/7-Welt für die meisten von uns unerreichbar. Der Mensch hat die Macht, die Nacht zum Tag zu machen, und nutzt dies auch aus, doch das rächt sich bei vielen mit Schwierigkeiten, gesunden Schlaf zu bekommen. Wir leiden besonders in Städten neben der Lärmbelastung auch unter einer Lichtverschmutzung.

Die Verlockungen und Medien unserer modernen Welt bringen uns leicht aus dem Takt. Und Menschen, die im Schichtbetrieb arbeiten, leben unter besonders unnatürlichen Bedingungen. Doch mit etwas Hintergrundwissen über den Schlaf und seine Rhythmen kann man schon mittels einfacher und praktischer Maßnahmen zu einem guten Schlafniveau gelangen. So kann es gelingen, selbst bei Schichtbetrieb konzentriert, munter, frisch und gut gelaunt zu sein.

Haben wir den Schlaf als zentrale Stellschraube
für unsere Vitalität erkannt,
können wir achtsamer damit umgehen.

Die Tipps in diesem Buch helfen gezielt, Rahmenbedingungen zu optimieren, um leichter einzuschlafen.

Ausgeruht sein bedeutet, mehr Lebensfreude und Flow-Erlebnisse, wie sie der ungarisch-amerikanische Psychologe Mihaly Csikszentmihaly[4] bereits 1990 entdeckt und beschrieben hat, genießen zu können.
Das Phänomen der „optimalen Erfahrung" wurde Zunächst wurde dieser an künstlerischen und sportlichen Topleistungen gemessen. Heute weiß man: "Im Flow zu sein" ist eine grundlegende menschliche Fähigkeit und ein ebenso grundlegendes menschliches Bedürfnis.
Flow kann als Zustand beschrieben werden, in dem Aufmerksamkeit, Motivation und die Umgebung in einer Art produktiven Harmonie zusammentreffen. Es bezeichnet einen Zustand von Glück, der entsteht, wenn man in einer Aufgabe vollkommen aufgeht, wenn man im „Fluss" ist.
Der Körper hat mehr Energie. Der Geist ist wacher. So

---

[4] http://www.citeulike.org/user/gareth/article/2072632

vergrößert sich automatisch die Chance, mehr Freude am Tun zu empfinden – gelassener zu sein, bei allem, was wir tun. Erfolge gestalten sich leichter, die persönliche Grundstimmung ist freundlicher.

Schlaf ist kein Luxus, sondern eine Notwendigkeit. Wer versucht, an Schlaf zu sparen, betrügt sich selbst.

Junge Menschen benötigen mehr Schlaf, da im Schlaf die wichtigen Wachstumsprozesse geregelt werden. Ältere Menschen schlafen zwar nachts kürzer, gönnen sich aber tagsüber oft ein Nickerchen und kommen somit auch wieder auf sechs bis acht Stunden.

Auch Koryphäen wie Thomas Alva Edison, der Erfinder der Glühbirne, von dem behauptet wurde, er hätte nur vier Stunden Schlaf benötigt, hat tagsüber mit mehreren Erholungsschläfchen den Bedarf ausgeglichen. Nur wenige Menschen kommen dauerhaft mit weniger als sechs bis acht Stunden gut aus.

die Realität ist:

schon geringe Mengen
an Schlafentzug haben
einen tiefgreifenden
Einfluss auf
unsere geistige
Leistungsfähigkeit
und Gesundheit.

Wussten Sie schon, dass …:

- der Weltrekord für Schlafentzug bei 266 Stunden liegt? Der Amerikaner Tony Wright hat 2007 bewiesen, dass mit Rohkost und angepasster Nutzung des Gehirns ein Wachbleiben von elf Tagen möglich ist.[5]
- Menschen mit dauerhaft weniger als fünf Stunden Schlaf ein zweimal höheres Risiko haben, vorzeitig zu sterben? Dass aber auch Menschen, die länger als zehn Stunden schlafen, fast gleich stark gefährdet sind?
- Delphine und Wale abwechselnd mal mit der linken und der rechten Gehirnhälfte schlafen? Als Meeressäuger müssen sie immer wieder Luft holen, deshalb bleibt stets eine Gehirnhälfte aktiv und ein Auge offen.
- es bei Hannover ein Schnarchmuseum gibt? Der Schlafforscher Joseph Wirth hat einige hundert, teilweise kuriose Apparate und Mittel zusammengetragen.[6]
- am 14.03. jedes Jahr der Weltschlaftag ist: www.worldsleepday.org

„Allen aus dem Wege gehn,
die schlecht schlafen und nachts wachen."
Friedrich Nietzsche

---

[5] Quelle: http://www.wikipedia.de

[6] http://www.schnarchmuseum.de

Die Schlafphasen:

Wir durchlaufen verschiedene Schlafstadien und schlafen dabei unterschiedlich tief. Die wiederkehrenden Zyklen dauern zwischen 90 und 120 Minuten. Schon kurze Zeit nach dem Einschlafen gelangen wir in die Tiefschlafphase, in der sich unser Körper und Geist erholen. Tagesereignisse werden verarbeitet, es finden Lerntransfers statt. Das Immunsystem läuft auf Hochtouren, Wachstumshormone werden ausgeschüttet. Das geschieht ca. vier- bis fünfmal pro Nacht.

Schlaf stellt für die Wissenschaft auch heute noch einen komplexen Vorgang dar, der nicht vollkommen erschlossen ist. Beobachtungen haben ergeben, dass der Schlaf in vier Stadien abläuft. Das Einschlafen selbst gehört nicht dazu. Es ist lediglich der Übergang vom Wachsein zum Schlafzustand. Es kann beobachtet werden, wie die Gehirnströme und der Pulsschlag beim Einschlafen langsamer werden, auch die Atmung sich beruhigt.

Leichter Schlaf (Stadium 1 + 2):

Stärkende Funktion: Steigerung der Aufmerksamkeit und motorischer Fähigkeiten.

Der leichte Schlaf ist die Vorbereitung auf den Tiefschlaf und dauert in der ersten Phase (Stadium 1) nur wenige Minuten. Dabei werden die Muskeln entspannt und können sogar manchmal sichtbar zucken. In der Phase 2 (Stadium 2), die bis zu 50 % des Gesamtschlafes ausmachen kann, ist der Körper völlig entspannt.

Tiefschlaf (Stadium 3 + 4):
Stärkende Funktion: Organisation des Gedächtnisses, Wissenstransfer und Lernen. Außerdem Wachstum und Reparaturphase.

Die Gehirnaktivität verlangsamt sich nochmals, der Arbeitsrhythmus liegt im so genannten Deltawellenbereich, einem sehr langsamen Frequenzbereich, der sich von ca. 0,1 bis 4 Hz erstreckt. Im Vergleich dazu haben wir im Wachzustand im Gehirn eine Arbeitsfrequenz zwischen 13 und 30 Hz (Betawellen). Menschen in der Tiefschlafphase sind sehr schwer zu wecken. Der Körper reagiert nicht mehr automatisch auf Umweltsignale. Geruch von Rauch, wenn es brennt, wird ebenso wenig wahrgenommen, wie ein körperliches Berühren. Werden wir in der Tiefschlafphase geweckt, sind wir „knatschig", geistig und körperlich nicht sofort betriebsbereit. Der Aufwachvorgang dauert seine Zeit – und bis wir wirklich ganz wach sind, sind wir wie in einer Art Zwischenwelt und nicht ganz bei Sinnen.

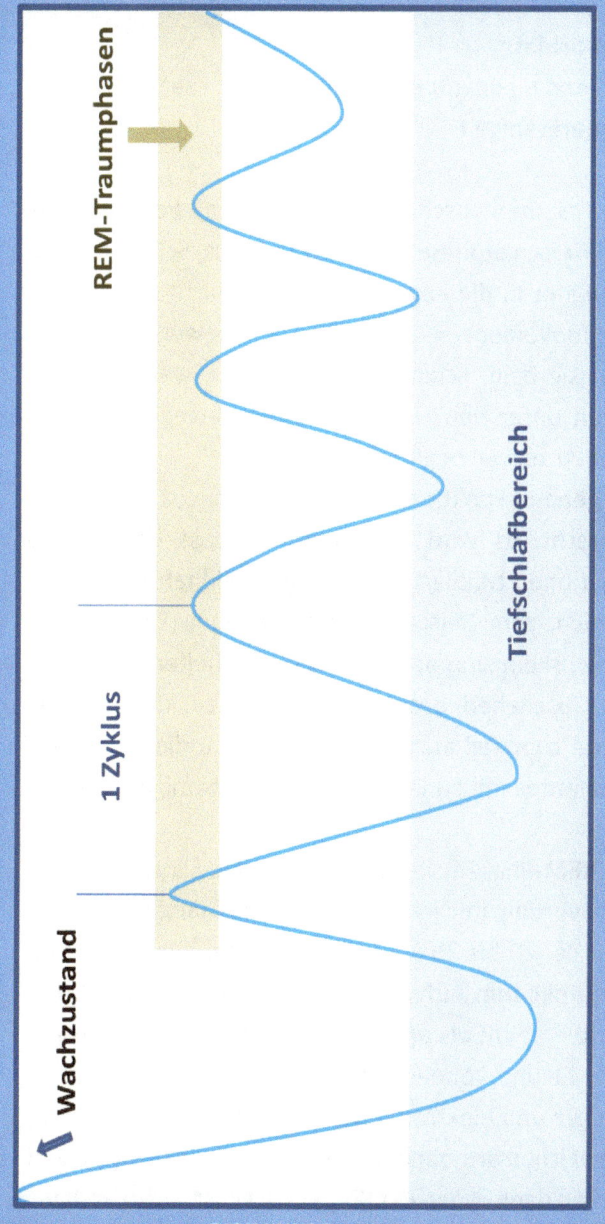

REM-Traumphasen

1 Zyklus

Wachzustand

Tiefschlafbereich

Schlaftiefe

ca. 7 Stunden

REM-Schlaf:

Stärkende Funktion: Erhöhung von Kreativität und Aufmerksamkeit

Das Träumen geschieht hauptsächlich, wenn wir aus der Tiefschlafphase in ein leichteres Schlafstadium gelangen: in die sogenannte REM-Phase (REM/rapid eye movement = schnelle Augenbewegung). Man kann sie beim Schlafenden erkennen, wenn sich die Augen unter den Lidern ruckartig bewegen und die Lider zu zucken beginnen.

Die genaue Funktion des REM-Schlafes ist noch nicht erforscht. Es wird angenommen, dass das Gehirn Situationen trainiert (wir träumen bildhaft und erlebnisreich, zum Beispiel eine aufregende Flucht, aber die Muskeln sind abgeschaltet), die helfen, das tägliche Geschehen besser bewältigen zu können. Das würde zum Teil auch erklären, warum dieser Traumschlafanteil mit zunehmendem Alter weniger wird.

Die REM-Phasen sind am Anfang des Schlafes kürzer und werden mit jedem Schlafzyklus länger. Sie machen ca. 20 bis 25 % einer Nachtruhe aus. **Der beste Zeitpunkt zum Aufwachen ist am Ende einer solchen Phase – er gilt als optimal.** Hier fühlen wir uns ausgeruht, fit und können sofort loslegen. Spezielle Licht-Wecker und elektronische Gadgets wie Smartphones oder Fitnessarmbänder nutzen diese Erkenntnis und wecken dann, wenn der Körper bereit ist, aufzuwachen.

REM-Schlaf nimmt ab

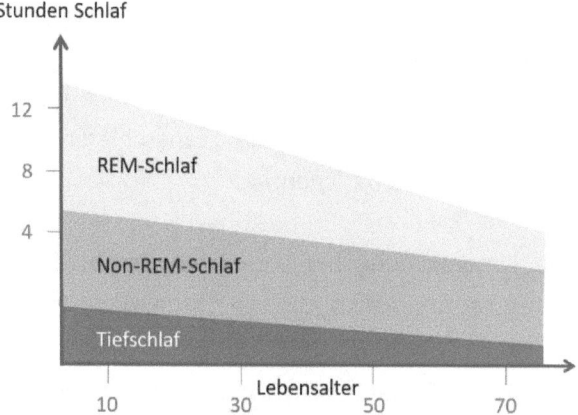

Junge Menschen haben einen hohen REM-Anteil in ihrem Schlaf.
Mit zunehmendem Alter nimmt der Traumschlaf-Anteil ab.

Längerer Schlaf als Schlüssel zum Erfolg

Erfolgreiche Athleten tun es – Musiker auch! Erholungsschlaf ist ein Muss. Das wissen wir. Neuere Beobachtungen haben nun ergeben, dass ein wenig mehr an Schlaf auch die mentalen und körperlichen Fähigkeiten entscheidend unterstützt. Wissenschaftler haben Studien mit führenden Sportlern und Musikern durchgeführt. Das Ergebnis: Die Schlafdauer ist ein wichtiger Parameter für die (Hoch-)Leistungsfähigkeit. Wer länger als die durchschnittlichen sieben Stunden schläft, steigert sein körperliches und geistiges Potential.

Eine Studie mit vergleichbar guten Schwimmern des Schwimmteams der kalifornischen Universität Stanford belegt[7], dass diejenigen Teilnehmer, die zehn Stunden statt nur acht schliefen, den Sprint, die Wende und die Reaktion auf den Startschuss deutlich verbesserten. Die so gewonnenen Sekundenbruchteile reichten aus, um entscheidende Vorteile im Wettkampf herauszuarbeiten. Die „Langschläfer" waren koordinatorisch überlegen.

Eine Untersuchung bei Violinisten ergab, dass die Besten ca. dreimal so intensiv übten wie diejenigen, die als durchschnittlich gelten. Außerdem schlafen die Virtuosen 8,5 Stunden pro Nacht. Im Vergleich dazu hatten die weniger erfolgreichen Musiker lediglich 6,5 bis 7,8 Stunden Nachtruhe. „Der Zusammenhang zwischen Schlafdauer und Leistungsfähigkeit taucht immer wieder auf."[8]

Es scheint also vorteilhaft zu sein, sieben bis acht Stunden Schlaf pro Nacht zu haben. Wer etwas mehr schlafen und/oder noch tagsüber ein Nickerchen machen kann, ist grundsätzlich leistungsfähiger. Unser Gehirn lernt, organisiert und erholt sich durch gezieltes „Nichtstun". Zu viel Schlaf aber macht ebenfalls müde und lustlos. Es ist auch vielfach wissenschaftlich bestätigt, was seit dem Altertum immer wieder gepredigt wurde:

---

[7] Quelle: http://www.sleepdex.org/athletes.htm
[8] Aus: Webinar Tony Schwartz, www.theenergyproject.com

„Wer länger schläft als sieben Stund',
verschläft sein Leben wie ein Hund."
Sprichwort

Den eigenen Schlafrhythmus finden

Im Normalfall beherrscht unser Körper den Umgang mit der inneren 25-Stunden-Uhr (genannt circadianer Rhythmus) und dem 24-stündigen Tagesablauf spielend. Veränderungen der Lebensumstände oder Krankheiten irritieren jedoch unseren Schlaf schnell und bringen uns leicht aus dem Takt. Menschen wie Berater oder Vertriebsmitarbeiter, die häufig wechselnde Schlafplätze haben, kennen das Problem. Es liegt dennoch jeden Tag in unserer Hand, wann und wie genau wir uns zum Schlafen begeben. Aber auch der spannende Film oder die interessante Reportage im Fernsehen, Feste und entspannte Runden mit Freunden, kränkelnde Kinder sowie das alltägliche, kleine Chaos können uns aus unserem Rhythmus bringen. So verpassen wir oft unseren optimalen Einschlafzeitpunkt und verlieren mit der Zeit das Gespür für den eigenen Takt. Dabei ist es nicht nur energieschonend, sondern auch gesundheitlich klug, nicht gegen den eigenen Rhythmus zu schlafen. Lernen wir also, feinfühliger mit unserem Schlaf umzugehen – das nützt uns gleich und auf lange Frist genauso (Stichwort: Schlafhygiene).

Bei Untersuchungen in Schlaflabors fand man über Messungen der Körpertemperatur heraus, dass es zwei Arten von Wachtypen gibt, die Lerche und die Eule. Manche Menschen sind Lerchen – Frühaufsteher – und manche Eulen – Nachtmenschen. Zu welcher Spezies Sie eher neigen, haben Sie wahrscheinlich schon herausgefunden.

Die **Frühaufsteher** sind morgens aktiv – ihr Leistungshoch liegt in der ersten Tageshälfte. Sie werden abends schneller müde und gehören zu den Ersten, die bei einer Party den Heimweg suchen.

Die **Nachtaktiven** stehen lieber am späten Vormittag auf und werden tagsüber immer munterer. Abends sind sie topfit und gehen daher spät zu Bett.

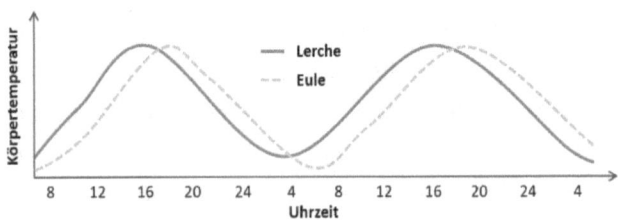

Grafik: Lerche und Eule – die Körpertemperaturkurven

Der Unterschied kommt durch die Körpertemperaturkurven zustande, die mit dem Fitnesslevel einhergehen. Beim Typ Lerche hat der Körper gegen 03:00 Uhr nachts seinen Tiefpunkt, beim Typ Eule einige Stunden später. Die Fitnesskurve steigt also bei der

Lerche deutlich früher an als beim Nachtmenschen. Dafür beginnt die Körperwärme, wie es in der Grafik sichtbar ist, gegen 16:00 Uhr zu sinken. Ungünstige Kombinationen im Beruf können sich ergeben, wenn der Mitarbeiter ein Morgenmensch ist und sich nachmittags auf den Feierabend freut, der Vorgesetzte aber eine Eule ist, die ab 16:00 Uhr topdynamisch wird und Ideen umsetzen möchte. Wissen aber beide darüber Bescheid, ist eine Lösung nicht weit. Es können dann leicht Regelungen getroffen werden, die die biologische Typologie akzeptieren. Klug, zum Vorteil beider.

Daneben gibt es aber auch einen Mischtypen. Er hat den Vorteil, dass er sehr anpassungsfähig ist. Er verträgt frühes Aufstehen und langes Aufbleiben gleichermaßen. Hier sprechen wir jedoch nicht von den Menschen die, obwohl sie kein Mischtyp sind, die langen Wachzeiten adaptiert haben. Denn diese Menschen laugen ihren Körper durch ihr Verhalten aus.

Der russische Biologe Arcady Putilov hat zusätzlich zu den eben erwähnten Typen noch zwei weitere Schlaftypen entdeckt.[9] Im Schlaflabor fand er heraus, dass es Menschen gibt, die, unabhängig von der gängigen Typeneinteilung oder der individuellen Schlafdauer, entweder tagsüber und/oder nachts sehr aufgeweckt oder ziemlich träge sind.

---

9 http://www.sciencedirect.com/science/article/pii/S0191886914004486

Grundsätzlich neigen kleine Kinder in Richtung Frühaufsteher, selbst dann, wenn sie eigentlich Eulen
sind. Später als Jugendliche verkehrt sich die Lage.
17-jährige Lerchen verhalten sich deutlich eulenhaft.

Weil Jugendliche eben chronobiologisch „nachtaktiv"
sind und so morgens schlecht aus dem Bett kommen,
hat das Gymnasium im nordrhein-westfälischen Als-
dorf den Chronobiologen Til Rönneberg als Berater
engagiert. Rönneberg machte den Vorschlag, dass
Oberstufenschüler, also Jugendliche, die sich in der
Pubertät befinden, nicht unbedingt in der ersten
Schulstunde anwesend sein müssen. Die innere Uhr
tickt bei Jugendlichen bis zum 20. Lebensjahr anders,
sie geht nach. Sie schlafen später ein und werden so
morgens aus dem Schlaf gerissen. Sie leiden unter
einem „sozialen" Jetlag, erklärt Rönneberg.

> **„Wer mit dem Wecker aufwacht,
> der ist nicht ausgeschlafen"**
> **„Wer früh aufsteht bekommt öffentliche
> Anerkennung, ist nicht mehr zeitgemäß"**
> Till Rönneberg, 3Sat.de Künstliche Zeit
> und innere Uhr, Nov. 2016

Die Schüler nutzen ihre Gleitzeit gerne und holen die

erste Stunde später am Tage nach. Der Effekt ist, ~~dass~~ die Leistungen werden besser. Wer trotzdem in der ersten Stunde kommen mag, hat dann eine sogenannte Dalton-Stunde, in der das Lernen in eigener Verantwortung gestaltet wird. Was als Experiment begann, ist nun fest etabliert und findet hoffentlich viele Nachahmer.

Im Laufe des Lebens verschieben sich dann die Wach- und Schlafmuster bei allen Menschen in Richtung Lerche. Also früh rein, früh wieder raus.

Passt Ihr aktuelles Schlaf- und Wach-Muster mit ihrer Grundneigung zusammen? Haben Sie das Gefühl, im Takt bzw. im eigenen Rhythmus zu sein? Oder sind Sie hier nicht wirklich zufrieden?

Falls Sie das Gefühl haben, nicht gut zu schlafen und nicht optimal erholt zu sein, kann dies viele Ursache haben.

Aber vielleicht passt aktuell nur Ihr „Takt" nicht? Möglicherweise schlafen Sie eine halbe Stunde zu lang oder zu kurz, so dass Ihre 90- bis 120-minütigen Schlafzyklen nicht mehr harmonieren. Sie sind sozusagen verstimmt. Hier lohnt es sich, mit den Bettgehzeiten zu variieren. Verschieben Sie den Bettgehzeitpunkt einige Tage nacheinander um zehn Minuten nach vorne oder hinten, um herauszufinden, wann Sie sich bei gleicher Aufstehzeit ausgeschlafen fühlen.

Wer übrigens glaubt, dass besonders lange schlafen auf Dauer gesund ist, der irrt. Ultrakurzschläfer, d. h. Menschen, die dauerhaft weniger als 4,5 Stunden schlafen, riskieren ebenso früher zu sterben wie Ultralangschläfer, also Schläfer, die es gewohnt sind, jede Nacht 10,5 Stunden oder länger zu schlafen. Einige Tage mit kürzerer Schlafdauer sind für „normal Schlafende" auf diese Tatsache bezogen ebenso unschädlich wie einige Tage nacheinander länger als gewohnt zu schlafen.

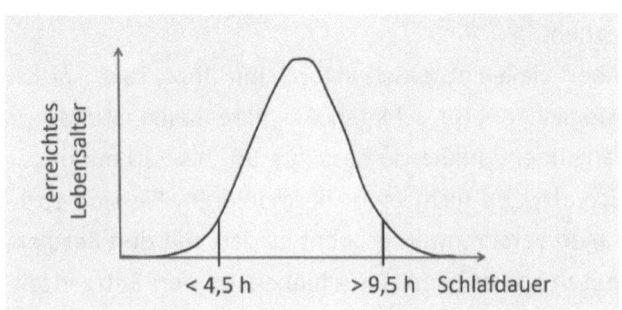

Unregelmäßige Schlafzeiten sind eine Herausforderung für unser Biosystem. Zu Bett gehen, wenn es draußen hell ist oder konzentriertes Arbeiten nach Mitternacht ist für den Körper nicht so einfach. Besonders das Arbeiten nachts zwischen 02:00 und 04:00 Uhr stellt eine hohe Belastung für den Körper dar. Er ist in diesem Zeitfenster er in seinem absoluten Leistungstief. Das Arbeiten in Schichten gelingt jüngeren Menschen noch relativ gut, bei den älteren Kollegen verringert sich die Anpassungsfähigkeit mit zunehmendem Alter deutlich. Laut Statistischem Bundesamt arbeiten allein in Deutschland ca. 10 Mio. Menschen in einer Form von Schichtarbeit.

Zahlreiche Studien belegen, dass sich Müdigkeit negativ auf die körperliche und geistige Leistungsfähigkeit, Motorik und auch auf die Stimmungslage auswirkt. Schlafmangel stellt sich immer wieder als mitverursachender Faktor bei Unfällen heraus.

Der menschliche Körper ist robust und sensibel zugleich – robust weil wir längere Phasen ohne ausreichend Schlaf vertragen können, sensibel, weil viele Faktoren auf das Schlaf- und Wachverhalten einwirken.

Schichtarbeiter müssen nicht nur mit skurrilen Arbeitszeiten zurechtkommen. Die wechselnden

Dienstzeiten nehmen auch starken Einfluss auf ihr soziales Umfeld. Das Wechselspiel der Schlafzeiten zerrt nicht nur an den Nerven, sondern beeinträchtigt auch unsere Stoffwechsel-Rhythmen. Ungenügender Schlaf wird langfristig zum deutlichen Gesundheitsrisiko. Zum Bespiel hemmt Schlafmangel die Bildung neuer Hirnzellen (Neurogenese) und wird mit einer Reihe sogenannter Zivilisationskrankheiten assoziiert. Die profilierte Forscherin Eve Van Cauter aus Chicago meint, „dass chronischer Schlafverlust nicht nur die Schwere der altersbezogenen Krankheiten wie Diabetes, Blutdruck, Fettsucht und Erinnerungsverlust verstärkt, sondern auch deren früheren Beginn verursacht".

Was hilft nun?
Günstig sind Schichtpläne, bei denen der Rhythmus im Uhrzeigersinn verläuft, also von Tag- über die Abend- zur Nachtschicht. Ein striktes Pausenprogramm ist wichtig, um der Schläfrigkeit entgegenzuwirken und dem vergrößerten Erholungsbedarf gerecht zu werden. Ebenso sind ausreichend Erholungszeiten nach Nachtschichten bzw. langen Wechselschichtzyklen notwendig. Abgeraten wird von mehr als fünf Nachtschichten hintereinander ohne Freitage sowie mehr als vier 12-Std.-Nachtschichten hintereinander. Das führt unweigerlich zu einer Überlastung.

Eine intensive Gesundheitsvorsorge für Schichtarbeiter bildet die Grundvoraussetzung, um Krankheiten früher zu erkennen. Bei Mitarbeitern über 50 Jahren sollte die Schichtarbeit ausgesetzt und in eine Tagschicht umgewandelt werden.

Es wurde des Weiteren nachgewiesen, dass die Stärke des Lichts positiv mit dem Wachheitsgrad von Nachtschichtarbeitern korreliert.

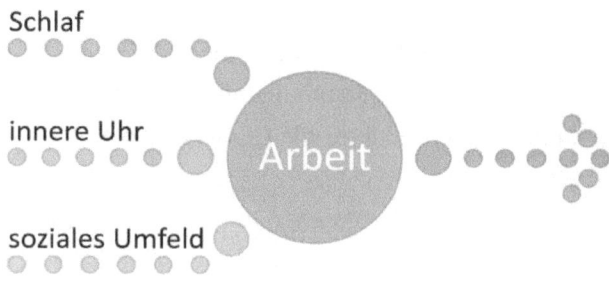

Prof. Christian Cajochen[10], der Leiter des Chronobiologie-Zentrums der Universität Basel, berichtet: „Seit der Entdeckung, dass Licht der stärkste Zeitgeber in der Synchronisation von circadianen Rhythmen beim Menschen ist, hat sich die Lichttherapie als eine wirkungsvolle Methode zur Regulierung des circadianen Rhythmus und der inneren Uhr herausgestellt. Es gibt viele Untersuchungen, die zeigen, dass es mit Licht

---

[10]http://www.chronobiology.ch/wp-content/uploads/2013/05/schicht-und-jetlag_2.pdf

möglich ist, verschiedene Körperfunktionen so umzustellen, dass diese mit dem veränderten Schlaf-/ Wachrhythmus, des Nachtschichtarbeiters übereinstimmen."

Einen weiteren wichtigen Grund dafür, genügend zu schlafen, hat Jeffrey Iliff[11], Forscher an der Uni Rochester in den USA, herausgefunden. Er hat als Erster bemerkt, dass es im Gehirn einen Reinigungsprozess in den Zellen gibt, der nur im Schlaf funktioniert. Die im Kopf vorhandene Cerebrospinalflüssigkeit (CSF) wird lediglich im Schlafmodus an die Zellen geführt, um dort Abfallprodukte, wie sie bei Zellen entstehen, abzuführen.

Man kann sich gut vorstellen, dass unser neuronales System ohne diese Reinigung vermüllt und die Leistungsfähigkeit des Gehirns zunehmend geringer wird.

Wie bereits erwähnt, ist Schlaf für unsere Gesundheit und Leistungsfähigkeit ein wichtiger Unterstützer. Schlaf kann nicht ungestraft ausgelassen werden. Deshalb sollten vor allem Schichtarbeitende und andere Schlafmangelwesen auf ausgewogene **Ernährung** und **Bewegung** achten. Leichtes Essen vor und Mikrobewegungseinheiten während der—Schichten entlasten den Körper am wirksamsten. Das Wachbleiben und der anschließend ausgleichende Schlaf

---

[11]http://www.urmc.rochester.edu/news/story/index.cfm?id=358 4

gelingen dadurch deutlich besser.

Wenn **Frühschichtler** weit vor Mitternacht ins Bett gehen, erreichen sie die sieben Stunden Schlaf ganz bequem. Helles Licht nach dem Aufstehen beschleunigt ~~den~~ das Wachwerden. Es ist auch hilfreich, bereits einen Tag vor der beginnenden Frühschicht früher aufzustehen.

Spätschichtarbeitende sollten sich ein Mittagsschläfchen angewöhnen. Das versorgt sie mit mehr Energie und steigert die Chance auf mehr Freude am Tun.

Für **Nachtarbeitende** empfiehlt es sich, abends einen so genannten „Power Nap", also einen Kurzschlaf, einzulegen. Kaffee und Coffein-Drinks sollten in der Nacht nicht zum Hauptgetränk werden, sonst fällt morgens das Einschlafen umso schwerer.

Arbeiter, die permanent nachts schichten, sollten möglichst auch an ihren arbeitsfreien Tagen zur selben Zeit schlafen gehen, da die Umgewöhnung belastend ist und schwerfällt.

Gut ist, wenn Arbeitnehmer und Unternehmen gemeinsam Schichtpläne erarbeiten. Ideal ist es, wenn der Einzelne die Möglichkeit erhält, gemäß seinem Chronotypus eingesetzt zu werden. Eulen und gemischte Chronotypen tun sich mit der Nachtschicht deutlich leichter als Lerchen. Frühschichten bilden dann aber die Herausforderung. Grundsätzlich ist es klüger, die Frühschicht nicht spät in der Nacht, sondern erst gegen 06:00 Uhr zu beginnen. Hier sollten Erfahrungswerte im Betrieb gesammelt und umgesetzt werden.

Das Staatsballett Berlin suchte ebenfalls nach Lösungen, weil die Tänzer und Tänzerinnen über Konzentrationsschwierigkeiten klagten. Hilfe kam von Professor Ingo Fietze, dem Leiter des Schlafmedizinischen Zentrums der Charité Berlin.
Nach einer dreimonatigen Messung des Schlaf-wach-Rhythmus zeigte sich, dass die Mitglieder des Ensembles mit weniger als sieben Stunden Schlaf pro Nacht zu wenig schlafen, um das fordernde Programm, das aus Training, Proben und Aufführungen besteht, unbeschadet zu überstehen
Die Lösung besteht nun darin, dass es schallisolierte abdunkelbare Ruhekabinen mit Betten, einen Massagestuhl sowie eine Wohlfühlliege gibt. Dort können sich die Ensemblemitglieder zwischen Proben oder vor der Aufführung zum Beispiel mit einem Kurzschlaf regenerieren.

Interview mit Dr. Peter Vetter Chefarzt Klinikum Dahme Spreewald.
Herr Dr. Vetter, Sie haben einen anstrengenden Beruf, der viel Aufmerksamkeit verlangt. Als Facharzt für Visceralchirurgie haben sie häufig Bereitschaftsdienst

und müssen unter Umständen nach einem „normalen Arbeitstag" auch nachts um 03:00 Uhr für eine Operation in die Klinik fahren. Sie behaupten Sie hätten immer einen guten Schlaf. Wie gelingt es Ihnen, bei unregelmäßigen und langen Arbeitszeiten bei Bereitschaftsdiensten gut zu schlafen?

Viel Arbeit macht müde – na ja, Spaß beiseite, das Wichtigste aus meiner Sicht ist die Fähigkeit, sich praktisch sofort von der beruflichen Anforderung mental zu entkoppeln, wenn die Aufmerksamkeit nicht mehr verlangt wird. Neben einer mehr oder weniger „angeborenen" Komponente hat dies, wie so oft, zunächst etwas mit bewusstem Training zu tun, was aber bei mir im Laufe der Zeit in eine eher unterbewusste Strategie übergegangen ist.
Der Bereitschaftsdienst ist für mich nicht bewusst existent, so lange das Telefon nicht klingelt. Wenn ich mit einer nächtlichen OP fertig bin, reichen mir eigentlich immer bereits das Duschen und Umziehen noch im OP-Trakt völlig aus, um wieder in den „Ruhemodus" zu schalten.

Was ist Ihr Geheimnis, bei Nachtarbeit mental fit am Arbeitsplatz zu sein?

Ich habe es da eher etwas einfacher, da ich vom Chronotyp eine ausgeprägte „Eule" bin. Physiologisch wird man bei Notfalloperationen durch den

Verlauf der Adrenalinkonzentration zusätzlich unterstützt. In Notfallsituationen hält die Ausschüttung des Stresshormons natürlich hellwach, bei einer Halbwertszeit von zwei Minuten ist aber mit Ende der Anforderungssituation die Wirkung rasch vorbei und geht dabei sogar in eine überschießende Gegenregulation mit Ruhebedürfnis über. Das einzig Wichtige ist also dabei, dass es gelingt, die weitere Ausschüttung des Adrenalins zu beenden. Die „Entkoppelung" vom Problem, wenn man nichts mehr zur Lösung beitragen kann, ist aus meiner Sicht trainierbar. Daher ist ein ausgeprägtes Helfersyndrom in der Akut- und Notfallmedizin nach meiner Auffassung schädlich für den Patienten und den Arzt, da es rationale (und häufig für den Patienten extrem relevante) Entscheidungen negativ beeinflusst, aber auch die dauerhafte Leistungsfähigkeit des Arztes vermindert.

Herr Dr. Vetter, herzlichen Dank für das Interview.

Das, was wir tagsüber erleben, wirkt sich auf unser nächtliches Wohlbefinden aus. Zu viel erlebter Stress belastet unser Nervensystem. Das Stresshormon Cortisol verhindert dann das Einschlafen. Die Gedanken kreisen und der Körper ist in Unruhe.

Wer kurz vor einer Prüfung steht, verspürt, je näher der Termin rückt, oft wachsende Anspannung. Wird dann noch bis spät in die Nacht gelernt oder die Panik vor der anstehenden Prüfung wächst, bleibt unser Gehirn aktiv, da es zu lösen und verstehen versucht. Sich hinzulegen und einfach einzuschlafen fällt jetzt deutlich schwerer als in normalen Zeiten. Gerade jetzt, wo der Schlaf so hilfreich wäre.

Eine vom Bonner Institut zur Zukunft der Arbeit (IZA) veröffentlichte Studie befasste sich mit dem Thema Abhängigkeit von Schlafdauer und Prüfungserfolg. Über 600 Studienanfänger verschiedener Fachrichtungen wurden zu ihren Schlafgewohnheiten und den Prüfungsnoten befragt. Das Ergebnis ist ziemlich klar und ernüchternd und es bestätigt die allgemeine Erfahrung.

Weniger Schlaf bedeutet auch schlechtere Noten, so lautet das Ergebnis[12], wobei die Forscher auch bestä-

---

[12] http://ftp.iza.org/dp8232.pdf

tigen, dass die Schlafdauer insgesamt wichtiger als die Qualität des Schlafes ist. Die Autoren vermuten, dass dies wohl mit der Lernverarbeitung zusammenhängt, welche u. a. von der Anzahl der Tiefschlafphasen und der darauffolgenden REM-Phasen beeinflusst wird.

Tipp!

Vor Prüfungen sicherstellen, dass die Tage zuvor möglichst geregelt ablaufen. Leichtes Essen, Bewegung und kein Lernen im Bett. Ca. zwei Stunden vor dem Zubettgehen sollte mit dem Lernen Schluss sein. Der Körper braucht diese „Abschaltphase", um zur Ruhe zu kommen. Vor dem Einschlafen dann bewusst an schöne Erlebnisse denken. Die Schlafdauer sollte länger als sieben Stunden betragen.

Es hilft, wie oben beschrieben, strukturiert die Stress verursachenden Termine anzugehen. Gute Gewohnheiten, die für einen selbst als schlaffördernd bekannt sind, sollten zur Routine werden.

Eine längere Prüfung des Lebens nennt man Krise. Ein Thema beschäftigt uns so sehr, dass wir es verinnerlichen und uns nur schwer davon gedanklich lösen können. Es beschäftigt und fokussiert uns besonders dann, wenn wir eigentlich müde sind und entspannen wollen. Eine Scheidung, Karriere, Auf- oder Abstiege, aber auch persönliche Projekte wie der Hausbau machen uns über Wochen und Monate hinweg zu schaffen. Wir werden dünnhäutig und sind nun noch leichter aus dem Takt zu bringen.

In solchen Situationen reicht es nicht aus, sich nur auf den Nachtschlaf (wenn er gelingt) zu verlassen. Wir sollten uns auch tagsüber mehrmals die Kurzerholung erlauben und die Möglichkeit schaffen, zur inneren Ruhe zu kommen. Damit steigt die Chance, gut zu schlafen und in der Nacht aufzutanken.

Schon das bewusste Pause machen mehrmals am Tag hilft etwas ruhiger zu werden. Planen Sie besonders in stressigen Zeiten, auch wenn Sie das Gefühl haben überhaupt keine Zeit dazu zu haben, mehrere Entspannungstermine am Tag ein. In diesen 3-5 minütigen Kurzerholungen lassen Sie die aktuelle Arbeit liegen, gehen im Idealfall an die frische Luft, Atmen bewusster und beschäftigen sich gedanklich mit Themen/Erinnerungen die Sie zu einem emotional positiven Erlebnis führen.

Im Kapitel "Stresslösetipps für den Alltag" bekommen Sie hierzu eine funktionierende erste Hilfe.

Vorteile des kurzen Erholungsschlafes

Eine gute Möglichkeit, fehlenden Schlaf nachzuholen, ist ein Nickerchen, also ein Kurzschlaf, der zwischen zehn und 30 Minuten lang dauert. In manchen Kulturen ist das mittägliche Dösen etwas Selbstverständliches. In Spanien etwa oder in Südamerika wird Siesta gehalten. Die Chinesen und Japaner wissen um den Nutzen des Mittagsschlafs und fördern ihn (teils sogar staatlich) gezielt, um die Leistungs- und Reaktionsfähigkeit am Arbeitsplatz aufrechtzuerhalten.

> Ein **Nickerchen** ist ein guter Weg, um Schlaf *nachzuholen*.

Der Vorteil des Kurzschlafes (neudeutsch: Power Nap) liegt darin, dass er wirklich kurz ist. Er lässt sich gut in Pausen integrieren, da man danach sofort wieder aktionsfähig ist. Dauert das Schläfchen länger als 30 Minuten, fällt der Körper in den Tiefschlafmodus. Das Wachwerden währt dann einige Zeit. Die nächste gesunde Schlafdauer wäre dann ca. 90 Minuten, also eine komplette Sequenz aller Schlafphasen. Es lohnt sich also, den Wecker genau auf die gewünschte Schlafdauer einzustellen. Suchen Sie sich ein ruhiges Plätzchen – das kann ein Ruheraum in der Firma oder auch das eigene Auto sein.

Tipp! *Machen Sie das Nickerchen vor 15:00 Uhr. Wichtig! Nach dem Power Nap sofort aufstehen und aktiv werden.*

Die Forschung unterstützt das "Power Napping": Einer griechischen Studie mit 23.500 Probanden zufolge senkt das Nickerchen am Mittag das Infarktrisiko von Herzkranken um 37 %. Marc Rosenkind von der US-Raumfahrtbehörde NASA zeigte, dass Piloten, die zwischendurch kurz schlafen, die besseren Piloten sind: Ihre Reaktionszeit ist um 16 % kürzer als die ihrer Kollegen. Der Unterschied ist also signifikant und kann bei anspruchsvollen Aufgaben den entscheidenden Unterschied ausmachen[13].

Der legendäre britische Premierminister Winston Churchill pflegte sogar in unruhigen Zeiten sein mittägliches Schlafritual. Er soll sich einmal folgendermaßen geäußert haben: „Zwischen Mittagessen und Abendessen muss man schlafen, denken Sie bloß nicht, dass Sie weniger Arbeit schaffen, wenn Sie am

---

[13] Quelle: Süddeutsche Zeitung, „Eine Dosis dösen", vom 19.06.2007.

Tag schlafen. Das ist eine dumme Idee von Leuten ohne Vorstellungsvermögen. Sie werden sogar mehr bewerkstelligen. Sie bekommen zwei Tage in einem – nun, mindestens eineinhalb, da bin ich mir sicher."

Einsteins Rezept:
Er wusste wohl von der auffrischenden Wirkung eines Kreativ-Nickerchens. Er hat sich hingesetzt und einfach einen Schlüsselbund in die Hand genommen. In dem Moment, in dem die Entspannung sehr tief war, haben sich die Muskeln gelöst und er ist vom Geräusch der herunterfallenden Schlüssel aufgewacht.[14]

Das Nickerchen, sagen die Forscher, hat also eine positive Wirkung auf unsere Leistungsfähigkeit. Schlafen wir aber tagsüber zu lange, kann es kontraproduktiv wirken, weil wir dann nachts nicht so leicht einschlafen können. Entscheidend für den Erfolg unseres Power Naps ist der Zeitpunkt. Nach der amerikanischen Schlafforscherin Dr. Sara C. Mednick steigt der „Schlafdruck" (Müdigkeit) ab dem Moment des Aufstehens über den Tag kontinuierlich bis zum wieder Insbettgehen an. Gleichzeitig nimmt die REM-Schlaffähigkeit, welche für den kreativen Kurzschlaf wichtig ist, über den Tagesverlauf hin ab.

---

[14] Aus: „Tipps zum stressfreien Autofahren", Klaus Kampmann, 2010.

Power-Nap-Optimum

Der Kurzschlaf sollte im Normalfall (kein Schichtbetrieb) nicht nach 15:00 Uhr gehalten werden, weil sich dann der Schlafdruck bis zum Zubettgehen nicht mehr genügend aufbauen kann.

Die Empfehlung über das Diagramm funktioniert bei stabilen Schlafverhältnissen (gleichmäßiger Schlaf-wach-Rhythmus) und einer Aufwachzeit zwischen 06:00 und 09:00 Uhr morgens am präzisesten. Bei früherem oder späterem Aufstehen verschiebt sich zwar der Hang, schlafen zu wollen phasengleich, die REM-Schlaffähigkeit jedoch ändert sich weniger synchron. Der Grund hierfür liegt in dem bereits angesprochenen circadianen Rhythmus (biologischen Tageszeit-Rhythmus) und weiteren komplexen inneren Vorgängen.

Wann ist die optimale Zeit für ein Nickerchen? Die Grafik kann es Ihnen beantworten. Und so lesen Sie Ihre individuelle Aufwach- und Einschlafzeit ab:

Im Beispieldiagramm sehen Sie den Aufwachzeitpunkt 07:00 Uhr sowie den Einschlafzeitpunkt bzw. die Insbettgeh-Uhrzeit 23:00 Uhr. Der Zeitraum für einen optimalen Kurzerholungsschlaf liegt fast genau in der Mitte, nämlich zwischen 13:00 und 15:00 Uhr – also ungefähr nach dem Mittagessen, wenn die Biokurve ihren tiefsten Punkt erreicht. Die schwarze (durchgehende) Linie, beginnend beim Aufwachzeitpunkt, stellt die REM-Schlaffähigkeit dar. Sie wird über den Tag hin konstant kleiner. Die rote (gestrichelte) Linie steht für den Schlafdruck, der ab dem Aufwachen beständig größer wird.

Dr. Sara C. Mednick hat in neueren Forschungen herausgefunden, dass ein Mittagsschlaf von 60 Minuten entgegen den üblichen Meinungen wohl am fittesten macht[15]. Wir raten dem Einzelnen, ein wenig zu experimentieren, welche individuelle Kurzschlaf-Dauer die optimale ist.

Interessant und wissenswert:
Einige Schweizer Hotels der Best-Western-Kette reagieren auf die Schlaf-Forschungsergebnisse und bieten ihren Gästen, nach einem Mittagessen im Hotel, einen kostenfreien Mittagsschlaf zwischen 12:00 und 15:00 Uhr an.

Auch Designer haben sich des Themas Kurzschlaf am Arbeitsplatz angenommen und bieten Schlafkapseln zum Liegen, Power-nap-Mützen und ähnliche Hilfsmittel an. Beispiele hierfür sind Napshell, podtime oder das Ostrich Pillow.

Folgen Sie Ihrem natürlichen Instinkt, wenn Sie sich tagsüber müde fühlen, und gönnen Sie sich einen kurzen Erholungsschlaf.

---

[15] http://www.saramednick.com

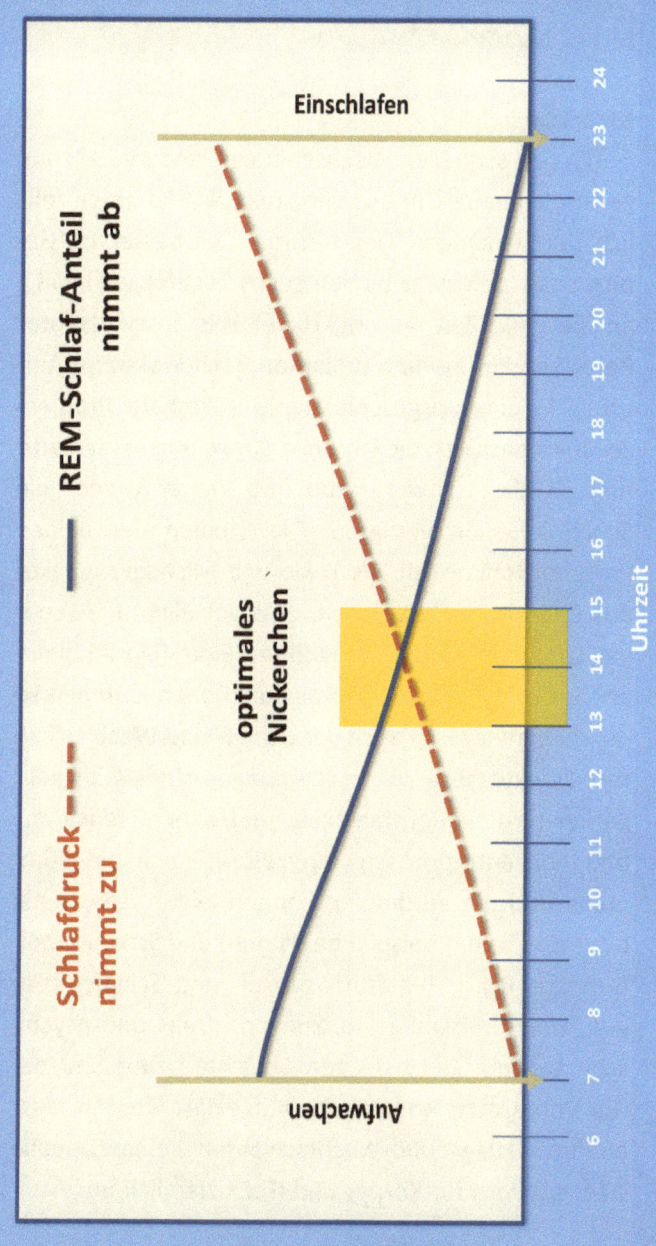

Ursachen

Durch den schnellen Wechsel in eine andere Zeitzone gerät die innere Uhr aus dem Takt. Wir kommen zeitlich durcheinander. Der zentrale Zeitmesser im Gehirn passt sich zwar binnen sechs Tagen gleichmäßig an die neue Zeit an, erklärt der Wissenschaftsautor Peter Spork in seinem brillanten Buch Wake Up! Aufbruch in eine ausgeschlafene Gesellschaft. Problem sei aber, dass sich die Uhren in Lunge und Muskulatur hier deutlich schwerer tun und immer wieder die Synchronisation verlieren. Die Studien der beiden Forscher Hajime Tei aus Tokio und Michael Menaker aus Charlottesville belegen, dass vor allem die Leber viel Umgewöhnungszeit benötigt. Eine Vielzahl biologischer Rhythmen und Körperfunktionen kommen so durcheinander – so auch das Schlaf- und Wachverhalten. Direkte negative Erscheinungen sind Müdigkeit, geringere Reaktionsfähigkeit und/oder Gedächtnis- und Konzentrationsschwierigkeiten. Auch die Stimmung und die Verdauung können leiden. Langfristig erhöht sich zum Beispiel bei Piloten und Schichtarbeitern das Risiko für Stoffwechsel- und Schlafstörungen, Herz-Kreislauf-Erkrankungen, Krebs und psychische Leiden. „Berufsflieger, Schichtarbeiter und deren Vorgesetzte sollten also aufgeklärt werden, dass häufige Jetlags und Nachtschichten keine Lappalie sind, sondern für Körper und Geist ziemlich ungesunder Dauerstress"[16], kommentiert Peter Spork. Er rät als zentrale Vorsorgemaßnahme, den inneren Uhren Gelegenheit zu geben, sich zu justieren. Längere Pausen sind also kein „wegzuoptimierender" Luxus, sondern eine biologische Notwenigkeit.

Tipps zum Reiseverhalten:

Wer nur kurzzeitig reist, stellt sich am besten gar nicht um. Termine sollten allerdings möglichst nicht gerade in der „heimatlichen" Nacht liegen. Westwärts sind Vormittagstermine, ostwärts nachmittägliche oder abendliche Treffen günstiger.

Dauert die Reise länger, lohnt es sich, schon im Vorfeld seine inneren Uhren durch leichte Verrückungen im Alltag, klug gewählte Verdunkelung oder Lichtduschen einzustellen. Beim Betreten des Flugzeugs stellen Sie dann die Uhrzeit auf die Zeit des Ankunft Or-

---

[16] Peter Spork, Wake UP! S. 146 – 149

tes ein und verhalten sich ab dem Moment entsprechend der neuen Zeit. Das erleichtert die Umstellung.

Reise in Richtung Westen:

Es fällt den meisten Menschen leichter, in Richtung Westen zu reisen, weil sich so der Tag verlängert. Dies kommt dem ca. 25-stündigen circadianem Ablauf entgegen. Empfohlen wird:

- Ein paar Tage vor der Reise:
  später ins Bett gehen, um sich an die neue Uhrzeit anzugleichen.
- Während der Reise:
  viel trinken, bewegen und eiweißreiche Nahrung zu sich nehmen, dies hilft, länger fit zu bleiben.
- Nach der Ankunft:
  wach bleiben, bis die typische Einschlafzeit am Ankunftsort erreicht ist. Helfen Sie Ihrer inneren Uhr, indem Sie sich im Tageslicht aufhalten und aktiv bewegen.
- Optimale Zeit für wichtige Termine: vormittags.

Auswirkung:
frühes Aufwachen, Müdigkeit ab dem Mittag

Reise in Richtung Osten:

- Vor der Reise:
  beginnen Sie sie Vorbereitung auf die Reise, indem Sie schon einige Tage vor Reisebeginn früher als gewohnt aufstehen.
- Während der Reise:
  entspannen Sie sich, schlafen Sie und nehmen Sie Kohlehydrate zu sich, der Körper wird dadurch schneller und leichter müde. Alkohol als Schlafmittel ist hier keine gute Alternative.
- Nach der Ankunft:
  ortszeittypische Aktivitäten aufnehmen.
- Optimale Zeit für wichtige Termine:
  nachmittags/abends.

Auswirkung:
schlechtes Einschlafen, Müdigkeit am Morgen

2. Allgemeine Tipps zur Schlafvorbereitung

Die kluge Schlafvorbereitung fängt genau genommen mit dem Aufstehen an. Denn die Qualität der Erlebnisse, die wir über den Tag hin sammeln, hat einen großen Einfluss auf unsere Schlafqualität. Sind Stress und Hektik angesagt, entsteht Unruhe im Körper, die bis in die Nacht anhält. Gelingt es, den Tag aktiv und frohgelaunt zu starten, sei es durch entspannte Frühstücksrituale oder morgendliches Yoga und Bewegen, stehen die Chancen gut, den ganzen Tag positiver zu erleben. Frühaufsteher setzen möglichst bis zum Mittag ihre wichtigen Themen und Herausforderungen um. So prägen wir, meist unbewusst, unsere Perspektive für den Tag.

Günstig für die Schlafhygiene:
1. Die positiven Dinge hervorheben und stärken.
2. Sich etwas weniger um die Sorgen sorgen.

Mehrere „Sorgenfrei-Pausen" über den Tag verteilen. Sich erlauben, mindestens einmal am Tag frei zu atmen, unbeschwert zu lachen, sich über eine Kleinigkeit zu freuen.
Immer zur gleichen Zeit schlafen zu gehen führt zu besserem, erholsamerem Schlaf. Der Körper hat so die Möglichkeit, sich mit seinen Abläufen auf einen fixen Zeitpunkt einzustellen.
Bei Schlafproblemen ist es von großem Vorteil, das

Bett ausschließlich zum Schlafen zu benutzen – ob miteinander oder alleine. Das bedeutet Frühstücken, Faulenzen und Fernsehen finden woanders statt.

Je nach Empfindlichkeit kann es gut sein, den Kaffee bzw. den Koffeinkonsum ab dem Nachmittag einzustellen. Denn Koffein baut sich im Körper nur langsam ab. Sensible Menschen trinken am besten ab 15:00 Uhr nichts Aufputschendes mehr.

Tipp!

Erinnern Sie sich an ein wirksames Morgen-Gutelaune-Wachwerde-Ritual, das Ihnen hilft, schon bald nach dem Aufstehen frohgemut den Tag zu starten?

Wenn ja, dann pflegen Sie es.

Wenn Sie noch keines haben, hier ein paar Ideen dazu:

Den Wecker nicht zu knapp bemessen stellen, gönnen Sie sich morgens die Zeit, um richtig wach zu werden.

Gibt es anregende Musik, die Sie auf Knopfdruck aktiviert?

Welche Lektüre macht Sie munter?

Welche Nahrung ist für das Fitness-Frühstück besonders geeignet?

Welche Körperübungen/Sport oder Yoga bringen Sie in Fahrt?

Welche Menschen begünstigen einen guten Start?

Klar ist: Dunkel und ruhig sollte der Schlafplatz sein. Dunkel ist deshalb wichtig, weil das Schlafhormon **Melatonin** über die aufgenommene **Lichtmenge** gesteuert wird. Empfindsame benötigen unter Umständen sogar völlige Dunkelheit, also auch kein Standbylicht eines elektrischen Gerätes und auch keine beleuchtete Ziffernanzeige eines Weckers, denn das reicht schon als Störung, um nicht schlafen zu können. Erst vor einigen Jahren haben Forscher herausgefunden, dass auf der Netzhaut neben den Zapfen und Stäbchen, die für das Sehen am Tag und in der Nacht zuständig sind, auch weitere Nervenzellen existieren. Diese reagieren auf die Lichtstärke, und zwar auch auf die, die durch ein geschlossenes Augenlid wahrgenommen wird.

Da es im Winter länger dunkel ist, gelingt das Einschlafen entsprechend dem biologischen Rhythmus leichter als im Sommer. Dafür ist morgens eine Extraportion Licht zum Wachwerden nötig. Ein Experiment bestände darin, im Sommer ein paar Nächte bei absoluter Dunkelheit im Schlafzimmer immer zur gleichen Zeit schlafen zu gehen und danach einige Nächte mit Lichteinfall ins Schlafzimmer. Ist die Aufwachzeit bei Lichteinfall früher bzw. zu früh, dann sollte das Schlafzimmer besser verdunkelt werden. Der Kauf einer Schlafbrille für Reisen ist empfehlenswert.

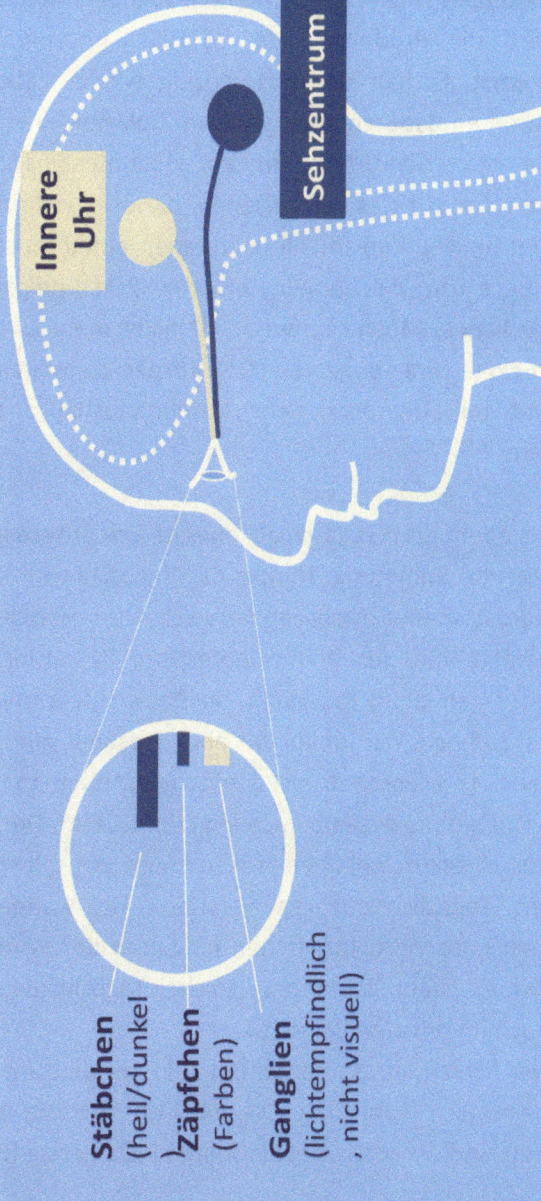

Helligkeitswahrnehmung

Innere Uhr

Sehzentrum

Stäbchen
(hell/dunkel)

Zäpfchen
(Farben)

Ganglien
(lichtempfindlich
, nicht visuell)

Halten wir uns nachts in einem taghellen Raum auf, wird die Produktion des (Ein-)Schlafhormons gebremst. Es hält uns zwar gezielt wacher, aber wir kommen dadurch auch aus dem üblichen Rhythmus. Das ist bei Schichtarbeitern ein bekanntes Phänomen. Genauso trifft es Fernreisende, die über viele Zeitzonen hinweg fliegen. Sie bekommen einen Jetlag. Die innere Uhr, die übrigens ein eher 25-stündiges (circardianes) Muster aufweist, ist nicht mehr synchron mit der Umgebungszeit. Der Körper benötigt einige Zeit, um sich mit seinem Hormonhaushalt anzupassen.

Als ebenfalls lichtabhängig erweist sich unsere grundlegende Stimmung. Nimmt das Tageslicht im späten Herbst immer mehr ab, erwacht der Herbstblues, gefolgt von der Winterdepression. Bekommen wir nicht genügend Tageslicht, bleibt der Melatoninspiegel zu hoch. Wir fühlen uns auch tagsüber müde, und sensible Menschen werden schwermütig. In Stockholm gibt es deshalb auch ein „Licht-Café". Dort werden in einem weiß gehaltenen Raum, der mit speziellen Tageslichtleuchten versehen ist, Kaffee und Snacks serviert. Inzwischen nutzen in der Winterzeit immer mehr Menschen solche Tageslichtleuchten auch im privaten Bereich.

Der Schlafplatz sollte ein Ort sein, an dem man sich persönlich wohl fühlt. Das gilt insbesondere für das Bett und die Matratze. Sie sollten Platz genug für eine bequeme Nachtruhe bieten. Ist Ihre Bettwäsche dann noch weich und kuschelig, weder zu leicht noch zu schwer, weder zu warm noch zu kalt, schläft es sich noch besser. Das Kopfkissen muss zu Ihnen passen. In Höhe, Festigkeit, Größe und Form gibt es reichlich Auswahl.

Tipp!

Unterwegs schneller Schlaf finden.
Wenn Sie beruflich bedingt häufiger an verschiedenen Orten schlafen, dann empfiehlt es sich, das eigene Reiseschlafkissen mitzunehmen, an das sie optimal gewöhnt sind.

Frischluftzufuhr ist wichtig! Großzügiges Lüften vor dem Zubettgehen füllt den Raum mit Sauerstoff, den das Gehirn in der Traumphase dringend benötigt. Aus demselben Grund ist es auch besser, ein rauchfreies Schlafzimmer zu haben. Es sind weniger Giftstoffe in der Luft und es riecht deutlich frischer.

Die optimale Schlafraumtemperatur beträgt für das ganze Jahr 15 °C bis 18 °C, berichtet Prof. Dr. Jürgen Zulley, wissenschaftlicher Berater des Schlafmedizinischen Zentrums am Universitäts- und Bezirksklinikum Regensburg in seinem Buch „Die kleine Schlafschule"[17].

Gegen 03:00 Uhr nachts hat die Körpertemperatur ihren Tiefpunkt erreicht und steigt danach wieder an.

---

[17] erschienen im Herder Verlag

Die Wärme wird vom Körperinneren über die Haut nach außen abgegeben. Gelingt das nicht, ist der Schlaf nicht erholsam.

Denn: „Wie man sich bettet, so ruht man",
wussten schon die Altvorderen.

Im Sommer merken wir, dass wir nachts zu schwitzen beginnen und deshalb nicht schlafen können. Im Winter friert es uns schnell an den Füßen. Mit kalten Füßen lässt es sich aber nicht (ein-)schlafen. Der bewährte Rat an dieser Stelle: Socken anziehen oder die gute alte Wärmflasche ins Bett legen.

Schlaf und gefühlte Sicherheit
In den verschiedenen Kulturen und auch Zeitepochen haben sich die Menschen auf unterschiedliche Weise die Bettruhe eingerichtet. Mancherorts wird auf dem Boden geschlafen, manche schlafen auf Kisten, im Sitzen, oder es teilen sich alle Familienmitglieder zusammen, so wie es bei und vor 200 Hundert Jahren üblich war, ein Bett. Es gibt Nacktschläfer und welche, die mehrere Decken brauchen. Ob Bauch-, Seiten- oder Rückenschläfer mit Haustier, mit offenem oder geschlossenem Fenster, es finden sich viele Varianten, um sich wohl zu fühlen. Europäer haben sich angewöhnt, zu zweit oder alleine in einem Zimmer zu schlafen.

Praktisch ist ein Nachttisch mit Lampe, die bequem vom Bett aus angeknipst werden kann. Wenn sie nicht zu hell ist, stört sie auch den Bettnachbarn nicht. Auch der Gang zur Toilette funktioniert so sicherer. Ein Notizblock mit Schreibgerät ermöglicht es, zu jeder Zeit schöne Ideen sofort festzuhalten.

Achten Sie auf die Einrichtungsmaterialien: Allgemein gilt es, natürliche Materialien den Kunststoffen vorzuziehen. Letztere können sich statisch aufladen und ihren Teil zum Elektrosmog beitragen. Dasselbe gilt auch für Bettwäsche. Für viele Menschen ist es ein Unterschied, ob sie Baumwolle nutzen oder die besonders weiche Mikrofaserbettwäsche verwenden. Mikrofaser entlädt sich teilweise sichtbar und hörbar knisternd.

Beruhigende Farben aus dem Blaubereich oder auch Gelbtöne an den Wänden des Schlafzimmers unterstützen das Wohlbefinden. Angewohnheiten, wie die Hausschuhe stets am selben Platz abzustellen, helfen, sich auch im Dunkeln zurechtzufinden.

Abgeraten wird von:
Die Einrichtung eines Arbeitsplatzes (z. B. Laptopecke) im Schlafzimmer ist nicht zu empfehlen, da es die unbewussten Anteile in uns irritiert und zu einem Bedeutungskonflikt führt: Ist der Ort zum Schlafen oder zum Arbeiten? Ist die Klarheit nicht vorhanden, werden sich Anteile nicht so gut entspannen/loslassen können, als wenn das Schlafzimmer

eindeutig definiert ist.

Ein fernsehfreies Schlafzimmer hat den Vorteil, dass vom Wohnzimmer gezielt ins Schlafzimmer gegangen werden muss, um dort zu schlafen. Das hilft ebenfalls, die Bedeutung des Schlafplatzes für die Entspannung und Erholung zu unterstreichen.

Vermeiden Sie es, nachts vor dem PC zu sitzen oder lange das Smartphone zu benutzen, denn der hohe Blaulichtanteil der LED-Monitore verwirrt die Ganglienzellen, die sich hinter dem Auge befinden. Diese sind seit zigtausend Jahren auf die Mittagssonne und das Abendrot justiert und können das Blaulicht nicht wahrnehmen. Die Folge ist, dass die Ausschüttung des Schlafhormons Melatonin verzögert wird.
Zudem zeigen uns die Messergebnisse von Professor Christian Cajochen, dass blaues Licht uns eindeutig am Einschlafen hindert, weil auch die Körpertemperatur und der Herzrhythmus auf hohem Level bleiben.

Eine praktische Lösung bietet hier die kostenfreie Software f.lux. Sie passt die Monitor-Farbtemperatur automatisch standortabhängig der Tageszeit an. Die Blaulichtanteile am Monitor werden somit nach Sonnenuntergang verringert.[18] Einige moderne Monitore besitzen inzwischen ebenfalls Blaulichtfilter. Für

---

[18] https://justgetflux.com/

Smartphones und Tablets gibt es auch Apps, die diese Anpassung im Hintergrund automatisch erledigen. Das ist besonders für Menschen unter 25 wichtig. Denn jenseits der 25 beginnt bereits die Eintrübung der Linse, sie wird zunehmend gelblicher, was den Effekt nach sich zieht, dass ein Teil des Blaulichts herausgefiltert wird. Aus diesem Grund sind auch manche speziellen Computerbrillen gelblich oder orange. Sie blockieren den blauen Anteil des Lichtes.

Etliche Menschen reagieren empfindlich auf elektromagnetische Felder (Stichwort: Elektrosmog /Elektrostress). Deshalb sollten Fernseher, Telefon, Handy und netzbetriebenes Uhrenradio sowie alle 220-V-Geräte bzw. Funkwellensender nicht in Bettnähe aufgestellt werden.

Schaffen Sie sich ihre **Zubettgeh-Rituale**. Einschlafen geht leichter, wenn Sie eine Routine, einen immer wiederkehrenden Ablauf vor dem Zubettgehen haben. Sie könnten sich angewöhnen, schon im Badezimmer damit zu beginnen, sich auf das Schlafengehen einzustimmen, und dabei das Licht etwas dunkler halten. Im Schlafzimmer können Sie eine ganz leise Entspannungsmusik laufen lassen. Im Bett können Sie noch ein wenig lesen. Verabschieden Sie den Tag ganz bewusst. Er wird nicht wiederkommen.

Tipp!

Besorgen Sie sich spezielle Entspannungsmusik, die Sie vor dem Einschlafen abspielen. Stellen Sie so Ihr eigenes, für Sie angenehmes „Schlaflied-Programm" zusammen.

Es ist clever, sich erst dann hinzulegen, wenn man wirklich müde ist. Ansonsten kann es vorkommen, dass der Schlaf streikt und Sie nicht einschlafen können. Vor dem Einschlafen gilt es, nervenaufreibende oder belastende Tätigkeiten zu vermeiden. Dazu gehören zum Beispiel spannungsreiche Filme, anstrengende Sporteinheiten, schweres Essen und übermäßiger Alkoholgenuss.

Grundsätzlich fördern mäßige sportliche Aktivitäten

den guten Schlaf. Dr. Tilmann Müller schreibt[19]: „Schon eine regelmäßige sportliche Betätigung von mindestens einmal pro Woche geht jenseits des 50. Lebensjahres mit weniger Klagen über Schlafstörungen einher." Bewegung macht müde und oft zufriedener, vor allem draußen, bei Tageslicht und Wetterreizen. Allerdings kann körperliche Anstrengung dem leichten Einschlafen entgegenwirken. Denn nach intensiver Bewegung ist der Körper viel zu aufgewühlt, um gleich in den Schlaf zu sinken. Stoffwechsel und Kreislauf müssen sich erst wieder auf ein normales Niveau einpegeln. Das kann seine Zeit dauern.

Wer sich abends sportlich betätigt und sich mit dem Einschlafen schwertut, könnte mit einem morgendlichen Sportprogramm experimentieren. Möglicherweise löst diese zeitliche Verschiebung die Barriere zum leichten Einschlafen.

Aktiv-passiv-Rhythmus:

Die Spannung zwischen dem Wach- und **Aktivsein** im Hellen, bei **Licht** und dem Schlafen im Dunkeln begünstigt den erholsamen Schlaf. Mehrere Entspannungsphasen durch den Tag und eine bewusste Ruhephase kurz vor dem Zubettgehen fördern den gesunden Schlaf.

Prüfen Sie für sich:

---

[19] Schlaf erfolgreich trainieren, Hogrefe Verlag 2010, S. 127.

Welches Ritual hilft Ihnen vor dem Zubettgehen, um ruhiger zu werden?

Wie bereiten Sie sich optimal auf den Schlaf vor?

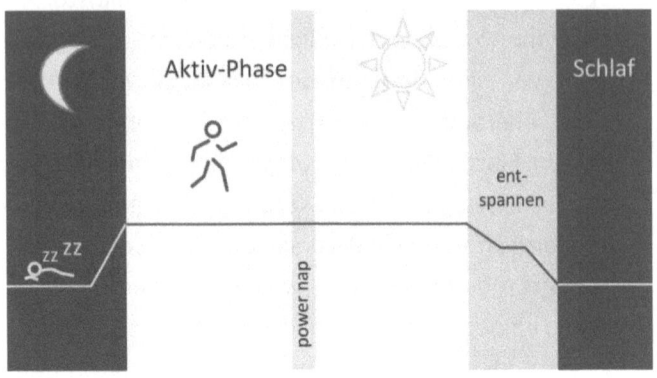

Die eingeübte Rhythmus-Störung:

Wer nachts nicht genügend Schlaf findet, fühlt sich morgens matt und energielos. Deshalb legen wir in solchen Situationen tagsüber gerne den Schongang ein. Rührt nun unser Schlafmangel vom Schlecht-Schlafen-Können her, setzen wir damit eine Schlaflos-Spirale in Gang. Schongang tagsüber vermindert den Aufbau des Schlafdruckes, erschwert das Einschlafen und stört den Nachtschlaf. Wir üben das Schlecht-Schlafen erfolgversprechend ein.

„Wenn man schlafen geht, soll man die Sorgen in die Schuhe stecken." Schwedisches Sprichwort

Thema Alkohol:

Alkohol hilft uns, müde zu werden, ist aber kein kluges Schlafmittel. Er verändert die Schlaftiefe und reduziert die Fähigkeit zur Erholung. Nachts wird häufiger aufgewacht und vorhandene Schlafprobleme verstärken sich eher. Deshalb gilt: Wenn überhaupt Alkohol trinken, dann zeitlich früher und weniger. Schnarcher schnarchen deutlich weniger, wenn sie nüchtern zu Bett gehen.

Vollmond:

Wissenschaftlich ist das Thema umstritten, der Großteil der Forscher sieht hierzu keinen Zusammenhang mit dem Schlaf. Doch im Basler Schlafforschungszentrum wurde bei den Probanden nachgewiesen, dass ihre Hirnströme den Mondphasen folgen. Die per EEG gewonnenen Daten weisen klar darauf hin, dass bei Vollmond ca. 30 % weniger Delta-Wellen (Tiefschlaf) vorhanden waren. Außerdem schliefen die Testschläfer schwerer ein – das alles, obwohl sie keine Information über die Tages- oder Nachtzeit geschweige denn die Mondphasen hatten.[20] Ob diese Beobachtung für alle Menschen zutreffend ist, bleibt offen.

Falls Sie das Gefühl haben, bei Vollmond weniger gut zu schlafen, sollten Sie diese Angewohnheit genauer

---

[20]   http://www.cell.com/current-biology/abstract/S0960-9822%2813%2900754-9

untersuchen. Prüfen Sie, ob Sie in jeder Vollmond-
nacht nicht „gut" schlafen. Vermutlich gibt es Ausnahmen, eventuell wenn Sie im Urlaub sind oder
vergessen haben, den Verlauf des Mondes zu beach-
ten. Nutzen Sie diese Ausnahmen, um sich anzugewöhnen, in Vollmondnächten besonders gut zu schlafen.

Früher schlafen gehen:
Diese Technik ist so einfach wie wirkungsvoll: Da wir
in der Regel die Aufstehzeit nicht verlegen können, ist
die gesunde Alternative, früher ins Bett zu gehen, um
genügend erholsamen Schlaf zu bekommen.
Auch wenn es reizvoll sein kann, spät abends oder
nachts noch kurz ein paar Nachrichten mit Freuden
auszutauschen, einen interessanten Fernsehbeitrag
zu verfolgen oder im Web zu surfen, versuchen Sie,
Ihre Gewohnheiten so zu verändern, dass Sie früh
genug ins Bett kommen, um Ihren persönlichen Erholungsschlaf zu sichern. Da hilft es auch, mal einen
Wecker zu stellen, der an die Bettgehzeit erinnert. Zu
schnell lässt man sich ablenken und merkt eventuell
erst sehr spät, dass es schon zu spät ist.

Gehen Sie **früher**

schlafen!

denn später aufstehen
funktioniert nicht.

**Verbannen
Sie
ihre
Sorgen
aufs Papier**

Sorgen in das Notizbuch schreiben:

Gut einschlafen kann nicht gelingen, wenn die Gedanken um Probleme kreisen. Das Gehirn ist zu aktiv und zu beschäftigt. Hier kann die Technik des Aufschreibens und Vergessens helfen.

Legen Sie sich einen Notizblock mit Schreibgerät ans Bett. Wenn aufwühlende Gedanken kommen, dann notieren Sie diese stichwortartig. Bannen Sie so die Sorgengedanken aufs Papier. Gehen Sie dann beruhigt in den Schlaf. Sie haben alles Wichtige notiert, so dass Sie es getrost am nächsten Tag bearbeiten können.

Der Notizblock hilft auch bei guten Einfällen. Manchmal kommen schon beim Hinlegen Geistesblitze.

Oder innerhalb eines Traumes taucht die Lösung für ein Problem auf, die wir gleich aufschreiben wollen, ohne zu sehr wach zu werden.

Bewährte Einschlaf-Tricks vor dem Zubettgehen:

- Warme Getränke in kleinen Mengen trinken, z. B.: Milch mit Honig oder Kräutertee.
- Johanniskraut, Lavendel, Melisse, Hopfen oder Baldrian sind für ihre beruhigende Wirkung bekannt. Man kann sie als Duftsäckchen und Öl, als Tee oder Kapseln zum Einnehmen bekommen.
- Ein Bad in wohltuender Wärme und angenehmen Düften signalisiert Körper und Geist Ruhe – bren-

nende Kerzen und Musik tun ihr Übriges.

- Ein gemütlicher Spaziergang kombiniert leichte Bewegung und Sauerstoffaufnahme.
- Zehn Minuten vor dem Zubettgehen einen Kaffee trinken. Auch das geht! Denn das Schlafzentrum ist nun besser durchblutet, das anregende Koffein wirkt erst nach 45 Minuten. Davor wirkt das warme Getränk beruhigend.

Vielfach wird das Schlafhormon Melatonin bei Jetlag oder Schlafstörungen empfohlen. In den USA kann man es im Supermarkt kaufen, in Deutschland ist es derzeit über den Versandhandel oder als Rezept vom Arzt erhältlich. Ob und wie das Schlafhormon in Pillenform tatsächlich den Schlaf verbessert, ist dabei noch gar nicht so richtig erwiesen. Ebenso fehlen belastbare Nachweise für mögliche Nebenwirkungen.

Umgang mit Schlaftabletten:

Es gibt in der Apotheke eine Vielzahl an Schlafmitteln, einige werben intensiv damit, dass sie rein pflanzlich sind. Das bedeutet jedoch nicht, dass diese automatisch gesund sind. Hierzu empfiehlt es sich auszuprobieren, auf welche Präparate man gut anspricht. Lesen Sie aufmerksam den Beipackzettel, manche Arzneimittel zeigen Nebenwirkungen, wenn sie über längere Zeit eingenommen werden. Wichtig ist es, keine Abhängigkeiten zu erzeugen.

Wenn sich mehr als zwei Wochen kein erholsamer Schlaf einstellt, kann es klug sein, ihren Arzt zu besuchen. Verzichten sie auf eine Selbstmedikamentation mit Schlafmitteln. Ihr Arzt kann ihnen die passenden Medikamente und Verhaltensempfehlungen verschreiben und den Therapieerfolg überwachen. Aber auch nach längerer Schlaflosigkeit von ein bis zwei Monaten kann der gute Schlaf mit leichten Gewohnheitsänderungen oft erfolgreich wiedergefunden werden. Wer länger als sechs Monate schlecht schläft, bei dem hat sich eventuell schon eine chronische Schlafstörung manifestiert, welche schwieriger heilbar ist. Hier ist der Gang ins Schlaflabor-sinnvoll, um Genaueres zu erfahren.

Notizen:

Checkliste für gesunden Schlaf ☑

Die Menschen sind alle gleich, aber doch sehr individuell. Für eine bessere Schlafhygiene lohnt es sich, sich auch von seiner schlafenden Seite besser kennen zu lernen. Sich zu beobachten und die Ergebnisse zu notieren, ist ein erster Schritt dazu.

Umgebung:
Welche Maßnahmen helfen, die Umgebung entsprechend schlafförderlich zu gestalten?

Was muss anders gestaltet werden, damit Luft, Lärm und Licht nicht am Schlafen hindern?

Schlafplatz:
Meine optimale Schlafraum-Temperatur ist: _____
Meine Matratze ist nicht älter als sieben Jahre: _____
Die Sommerdecke kühlt, die Winterdecke wärmt:__
Das Kopfkissen ist bequem:_____

Schlafprotokoll:
Anzahl von aufeinanderfolgenden Nächten mit weniger als fünf Stunden Schlaf: _____
Meine Einschlafunterstützer sind:

Ich fühle mich ausgeschlafen, wenn:

Was hält mich immer wieder davon ab, gut zu schlafen?

Deshalb werde ich:

Sonstiges:

Schreiben Sie Ihre Erfahrungen und Beobachtungen, die mit Ihrem Schlaf zusammenhängen, auf. Das ist eine gute Hilfe, das eigene Schlafverhalten besser zu verstehen und eine geeignetere Schlafhygiene einzuführen.

Schlafprotokoll: **Datum:**

Uhrzeiten/Dauer	Mo	Di	Mi	Do	Fr	Sa	So
Aufstehen							
Nickerchen Uhrzeit und Dauer							
Hinlegen							
Einschlafdauer geschätzt							
Schlafdauer geschätzt							
Schlafqualität 1-10							
Gefühlte Fitness 1-10 nach dem Aufstehen							

Sommerzeitumstellung meistern

Jedes Jahr wird am letzten Sonntag im März die Zeit nachts um 02:00 Uhr um eine Stunde vorgestellt. Es ist dann schlagartig 03:00 Uhr. Da zu dieser Zeit die meisten Menschen noch schlafen, merken sie das nicht direkt. Der Wecker klingelt ganz üblich um 06:23 Uhr, doch ist es ja in Wirklichkeit erst 05:23 Uhr. Die inneren Uhren haben sich nicht umgestellt und sich noch nicht darauf eingestellt, dass es jetzt früher losgeht. Das Wachwerden ist anstrengend. Es ist noch zu viel Melatonin und zu wenig Cortisol im Blut. Ungefähr zwei bis drei Wochen braucht der durchschnittliche Mensch, um sich auf die Sommerzeit einzustellen. Die Auswirkungen sind ähnlich wie beim Jetlag. Bis zu drei Wochen nach der Sommerzeitumstellung verzeichnen die Krankenhäuser eine Zunahme an Patienten.

Der Deutsche Verkehrssicherheitsrat (DVR) weist darauf hin, dass jeder vierte Unfall auf einem Sekundenschlaf beruht. Interessant ist in diesem Zusammenhang, dass die Unfallhäufigkeit nach der Zeitumstellung auf Sommerzeit um 30 % steigt. Der ACE[21] berichtet auf seiner Homepage über ähnliche Zusammenhänge mit dieser Zeitverschiebung. Manche Menschen werden dadurch so aus dem Rhythmus gebracht, dass sie ein bis zwei Wochen nicht mehr

---

21   http://www.ace-online.de/der-club/news/ace-zeitumstellung-macht-mehr-menschen-muede.html?no_cache=1

wie gewohnt schlafen. Unser chronobiologisches System scheint an dieser Stelle ziemlich empfindlich zu sein.

Was kann man tun, damit der Übergang verträglicher wird? Es gibt einen einfachen Trick, man „stückelt" die Zeitumstellung.
Beginnen Sie bereits sechs Tage vor der Zeitumstellung jeden Tag den Wecker zehn Minuten früher zu stellen, so dass Sie sich am Tag der Zeit-Umstellung gar nicht mehr umstellen müssen. Ein so sanft gestaffeltes Einphasen macht der Körper viel leichter mit als den üblichen harten Bruch. Mit diesem Trick sind am Tag der Zeitumstellung die körperlichen Abläufe optimal umgestellt und Sie fühlen sich fit.

Beispiel einer Planung zum Weckzeitumstellen

ursprüngliche Weckzeit	6:30						
neue Weckzeit	6:30	6:20	6:10	6:00	5:50	5:40	5:30
Tage bis zur Zeitumstellung	-6	-5	-4	-3	-2	-1	0

Tipp!

Natürlich gehen Sie dann nach der Zeitumstellung auch konsequent zu der gewohnten Uhrzeit ins Bett und hören nicht auf die innere Stimme, die dann sagt, ich weiß doch, dass es erst eine Stunde früher ist.

Dass unsere Schlafgewohnheiten tief in uns verankert sind, merken wir, wenn wir in fremder Umgebung schlafen. Dabei können Menschen, die häufiger unterwegs sind, auch in fremden Betten ab der ersten Nacht gut schlafen. Menschen, die fast immer zuhause übernachten, haben hingegen oft in der ersten Nacht einen unruhigeren Schlaf. Forscher führen das auf die uns angeborene Wachsamkeit zurück. Die neue Umgebung wird zunächst kritisch beobachtet. Der Körper schüttet dazu etwas mehr Stresshormone aus, was das Ein- und Durchschlafen schwieriger gestaltet. Dieses Verhalten ist ein guter Hinweis dafür, sich eine Einschlafroutine anzugewöhnen.

	Schlafqualität	
Schlafplatz	immer im gleichen Bett	häufig wechselnd
Zuhause	gut	gut
Fremde Umgebung	erste Nacht unruhig	gut

Buchen Sie Ihre Übernachtung möglichst passend für Ihre Wünsche – Raucher-/Nichtraucherzimmer, ruhige Lage etc. Vielreisende wissen, dass Zimmer nahe am Treppenhaus oder Aufzug durch Lauf- und Türgeräusche meist lauter sind.

Hotels in Stadtlage sollten eine gute Schallisolierung gegen den Verkehrslärm besitzen und trotzdem ausreichend Sauerstoff in den Raum führen.

Wenn Sie tagsüber anreisen, haben Sie genügend Möglichkeit, das Zimmer zu lüften und die Temperatur auf Ihre Bedürfnisse einzustellen.

- Testen Sie das Bett, ob es quietscht, zu hart, zu weich oder zu kurz ist.
- Passt das Kopfkissen, ist es groß/klein /hoch/weich genug?
- Wärmt oder kühlt die Bettwäsche genügend?
- Prüfen Sie, ob sich das Zimmer ordentlich verdunkeln lässt. Halbdurchsichtige Vorhänge können bei manchen Menschen in der Sommerzeit zu einem sehr frühen Aufwachen führen.

Ein Spaziergang vor dem Zubettgehen schlägt das Glas Alkohol an der Bar. Die gewöhnliche Bettgeh-Zeit und das persönliche Entspannungsritual erleichtern das Einschlafen.

Tipp!

Fügen Sie Ihrem Travelkit die wichtigsten Utensilien, wie Ohrstöpsel, Kissen, Wecker, Musik, Schlafbrille, Socken, Trinkwasserflasche, hinzu.

Notizen für mein Travelkit:

Wenn die Tage nach dem Winter wieder länger werden, stellt sich bei manchen Menschen die sogenannte Frühjahrsmüdigkeit ein. Das ist keine Krankheit, sondern ein Zeichen des Körpers, dass er mit der Hormonumstellung zu tun hat.

Die meisten Menschen können im Winter besser schlafen, weil sich durch die längere Dunkelzeit eine größere Menge des Schlafhormons Melatonin im Körper befindet. Gleichzeitig ist jedoch weniger vom Gute-Laune-Hormon Serotonin im Körper. Zum einen führt der Serotoninmangel bei manchen Menschen auch zum „Winterblues", einer Form der jahreszeitabhängigen Depression. Zum anderen ist es genau diese hormonelle Umstellung im Frühjahr, die dem Körper zu schaffen macht.

Dr. Norman Rosenthal[22] von der Georgetown Universität Washington widmet sich seit 1980 der Entschlüsselung dieses Phänomens. Wenn im Frühjahr wieder mehr Tageslicht zur Verfügung steht und sich die Menschen zudem noch an der frischen Luft bewegen, beginnt der Körper, mehr Serotonin zu produzieren. Diese Umstellung beschäftigt den Körper ziemlich stark, so dass es zu einem Müdigkeitsgefühl kommt. Seine Forschungsergebnisse zeigen, dass es möglich ist den Umstellungsprozess mit einfachen Maßnahmen zu unterstützen. Die Umstellung wird dann als weniger belastend empfunden.

---

[22] Winter Blues, Guilford Press, Norman Rosenthal

Man kann die Symptome abmildern, indem man sich:

- bewusst mehr hellem Tageslischt aussetzt,
- sich mehr im Freien aufhält,
- sich mehr im Freien bewegt.

Am besten scheint wohl die Kombination von Licht, Luft und Bewegung zu sein, da kommt der Stoffwechsel am schnellsten auf Trab.

Vom Zurückziehen, Sich-Isolieren, rät Rosenthal ab, es sei besser, sich Aktivitäten mit anderen Menschen anzuschließen, auch wenn es manchmal wegen des depressiven Gefühls schwerfällt – beziehungsweise gerade dann.

Wechselduschen und leichte vitaminreiche Kost unterstützen den Prozess ebenso wie ein gelegentlicher Kurzzeitschlaf.

Folgen wir also unserem inneren Instinkt und begeben uns beim Frühlingserwachen hinaus in die aufblühende Natur.

Alles, was gegen die Natur ist,
hat auf die Dauer keinen Bestand.
Charles Darwin

Manchmal mag das Einschlafen nicht gelingen oder wir wachen mitten in der Nacht auf und können nicht mehr weiterschlafen.

Der Blick wandert häufiger zum Wecker. In Gedanken rechnen wir die verlorene Zeit aus und wie viele Stunden noch bleiben, bis es klingelt. Verzweifelt wünscht man sich nun, schneller zu schlafen, um das Wachliegen wieder aufzuholen – was natürlich nicht gelingen kann.

Besonders schwer ist es nachts zwischen zwei und vier. Wir befinden uns psychologisch in einem Tief. Der Effekt ist, dass uns alles schlimmer vorkommt, als es in Wirklichkeit ist. Das Grübeln nimmt seinen Lauf. Das Kopfkino hält uns bis zum Klingeln des Weckers wach. Generell hilft hier das Wissen, dass a) alle dramatischen Gedanken, die jetzt durch den Geist ziehen, eher vergleichbar sind mit Zerrbildern und Täuschungen. Sie verführen uns leicht zu Fehlbewertungen. In diesen Stunden sind wir empfindsamer und auch empfänglicher für negative Szenarien. Unser kritischer Geist ist schläfrig und unaufmerksam. Und b) hilft es sofort, aktiv an etwas Anderes zu denken, an etwas, dass uns in eine angenehmere Gedankenwelt und in einen freundlicheren Gemütszustand bringt. Genau hier setzen die folgenden Tipps und Techniken an. Sie sind praktisch, empirisch erprobt und leicht umzusetzen. Gehen Sie neugierig und spielerisch daran. Experimentieren Sie mit den Methoden. Manche gelingen sofort, andere benötigen etwas Übung. Finden Sie Ihre Lieblingstechnik heraus, und Sie werden besser einschlafen.

Schwerer Körper:

Konzentrieren Sie sich auf Ihren linken Arm und formulieren Sie: „Mein Arm wird schwer, sehr schwer, immer schwerer." Wiederholen Sie diese Anweisung so lange, bis Sie das Gefühl erleben, dass der Arm schwer geworden ist. Dann konzentrieren Sie sich auf Ihren rechten Arm und wiederholen den Vorgang. Wenn nun auch der rechte Arm „schläft", machen Sie mit den Füßen auf die gleiche Art und Weise weiter. Danach werden die Beine schwer. Der Rumpf wird schwer. Alles fühlt sich schwer an, der ganze Körper ist schwer und müde und freut sich aufs Schlafen.[23]

Muskeltonus:

Spannen Sie alle Bauchmuskeln oder eine andere Muskelpartie für fünf bis zehn Sekunden an und lassen Sie sie schlagartig wieder los. Sie spüren einen Entspannungsimpuls und genießen ihn einige Zeit. Nun wiederholen Sie die Übung und nehmen eine weitere Muskelgruppe hinzu. So machen Sie weiter, bis der ganze Körper am Stück angespannt und wie-

---

[23] Eine Übung aus dem reichhaltigen Repertoire des Autogenen Trainings.

der entspannt wird.

Konzentriert Atmen:

Konzentrieren Sie Ihre Aufmerksamkeit auf Ihren Atem. Zählen Sie während des Einatmens in Gedanken bis sechs. Spüren Sie, wie sich der Brustkorb wölbt. Halten Sie einen kurzen Moment inne und zählen beim Ausatmen ebenfalls bis sechs. Durch das Zählen verlangsamt sich der Atemrhythmus und die Atemhübe werden länger. Das Nervensystem reagiert unmittelbar darauf, und Sie merken, wie sie ruhiger werden.

Von 99 rückwärts zählen:

Malen Sie gedanklich die Ziffern 9 und 9 an eine Tafel. Nehmen Sie dazu weiße oder auch farbige Kreide. Wischen Sie diese wieder aus und zeichnen Sie die Ziffern 9 und 8 an die Tafel. Machen Sie weiter, bis Sie eingeschlafen sind.

Gedankenumkehr:

Anstatt ständig auf die Uhr zu schauen und sich zu sagen: „Ich muss jetzt unbedingt schlafen!", sagen Sie sich: „Ich muss mich jetzt auf das Wachbleiben konzentrieren." Wenn Sie das eine Weile tun, werden Sie spüren, dass es Sie anstrengt, so zu denken. Sie werden müde.

Gedankenfresser:

Lassen Sie den virtuellen Pacman Ihre Gedanken auffressen.

Stellen Sie sich vor, in Ihrem Schlafzimmer ist ein überdimensionaler Pacman. Dieser wird aktiv, sobald Sie nachts aufwachen und sich in Gedanken verstricken, die Sie vom Wiedereinschlafen abhalten.

Ihr Pacman frisst die störenden Gedanken auf, sobald sie kommen. Ständig, immer wieder und alle!

Oder Sie stellen sich unseren Pacman als eine Art Gedankenroutine vor. Immer, wenn Sie merken, dass lästige Gedanken auftauchen, lassen Sie sie los.
Der Pacman ist unermüdlich und nimmt alles in sich auf. Sie können nun einfach weiterschlafen.
Ihr Pacman hilft immer! Egal, ob sie grübeln, sich Sorgen machen oder Probleme wälzen.

So tun als ob – oder bewusstes Abweichen

Quälen Sie Gedanken, die Sie nicht schlafen lassen. Tun Sie so, als ob die Wirklichkeit anders wäre, nur jetzt in diesem Moment des Einschlafens. Stellen Sie sich vor: Das Thema ist gelöst. Alternativ fokussieren Sie Ihre Aufmerksamkeit auf eine ganz andere, deutlich angenehmere Situation – etwas, das Sie in guter Erinnerung haben oder gerne erleben wollen.

Blick fokussieren

Fokussieren Sie bei geschlossenen Augenlidern Ihren Blick einige Zeit lang auf die Nasenspitze. Beginnen Sie dann mit der Aufmerksamkeitsstärke von „konzentriert" bis „unwichtig, belanglos" hin und her zu experimentieren.

Verfügbarkeit

Sie können sich auch entschließen, dem Wachsein einfach nicht mehr zur Verfügung zu stehen. Wiederholen Sie einige Male den Satz: „Ich stehe dem Wachsein nicht mehr zur Verfügung." Lassen Sie ihn wirken, spüren Sie, was sich verändert. Denken Sie: „Ich stehe jetzt meinem Schlaf zur Verfügung."

Fantasiereise

Sie stehen auf einer Lichtung, das Gras ist herrlich grün, verschiedene Blumen blühen in wunderbaren Farben. Der Himmel ist blau und die Umgebungstemperatur angenehm.

Sie gehen einen Weg entlang, der aus weißen und gelben Kieselsteinen besteht. Sie sehen sich die Kieselsteine genauer an und entdecken einen, der herzförmig aussieht. Sie nehmen den Stein auf und halten ihn fest in Ihrer Hand. Sie fühlen, wie geschmeidig er ist. Ihr Blick ist nach vorne gerichtet, Sie gehen den Weg weiter. Da kommt ein See, Sie gehen auf ihn zu. Das Wasser ist frisch, klar und schimmert blau. Sie gehen am Ufer entlang. Das Wasser lädt Sie ein, ihre Füße einzutauchen. Sie spüren, wie das Wasser angenehm ihre Füße benetzt. Sie entschließen sich, in dem See baden zu gehen. Sie lassen sich treiben und genießen die wohltuende Entspannung.

Nach diesem Muster können Sie sich leicht Ihre eigene Fantasie entwickeln. Hier weitere Ideen und Bilder als Anregung für Gedankenreisen, die in den Schlaf begleiten.

- **Leuchtturm**
  Sie sind im Leuchtturm. Draußen in der Ferne tauchen Gedanken auf und verschwinden wieder. Sie sind Beobachter der Szenerie.

- **Meeresklippe**
  Sie sitzen an einer steilen Klippe und beobachten die Wellenbewegung des Meeres. Sie hören das Rauschen und spüren den Wind. Sobald ablenkende Gedanken auftauchen, stellen Sie sich

wieder vor, wie Sie auf der Klippe sitzen und der Brandung zuschauen. Das Meer kommt und geht in seinem Rhythmus, der beruhigend auf Sie wirkt.

- **Aufzug**
  Sie befinden sich in einem Luxusaufzug, dessen Einrichtung sehr gemütlich auf Sie wirkt. Sie drücken die Taste mit dem Symbol abwärts. Sie merken, wie sich der Aufzug langsam nach unten bewegt. Es wird dunkler, und Sie fahren weiter hinab. Dabei entspannen sich Ihre Gedanken und Muskeln. Es fühlt sich wohlig an, mit dem Aufzug immer tiefer zu fahren. Je tiefer Sie fahren, desto mehr gelangen Sie in die Entspannung. Je entspannter Sie sich fühlen, desto dunkler wird es.

- **Lieblingstier streicheln**
  Stellen Sie sich vor, Ihr Lieblingstier zu streicheln. Versinken Sie in der angenehmen Erinnerung.

- **Strandspaziergang**
  Sie gehen barfuß am Strand spazieren, der Sand ist wunderbar weich. Aufkommende störende Gedanken stecken Sie in eine Schatulle und verschließen sie. Dann vergraben Sie diese im Sand. Sie gehen gelassen weiter spazieren …

- **Schlaftor durchschreiten**

    Sie sind in einer angenehmen Umgebung und sehen in einiger Entfernung einen goldenen Torbogen. Hinter dem Torbogen ist das Schlafparadies, ein Ort der genialen Gelassenheit und tiefen Entspannung. Sie gehen durch den Torbogen hindurch und legen sich schlafen. Die Umgebung dafür ist optimal, alles ist weich und bequem, der Kuschelfaktor ist hoch. Sie nehmen angenehme Klänge, vielleicht einen Gesang, wahr. Die Luft riecht frisch und macht Sie müde. Sie schlafen ein.

- **Wäscheleine**

    Sie kennen vielleicht die Wäscheleinen, die von Haus zu Haus reichen. Die Wäsche wird per Radseilzug hin und her bewegt. Hängen Sie einfach Ihren Gedanken mit einer Wäscheklammer an das Seil und bewegen Sie ihn von sich weg. Er wird immer kleiner und unwichtiger.

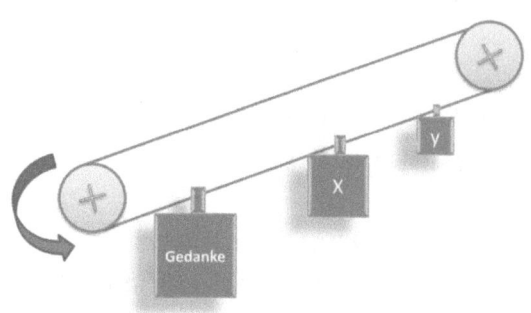

Üben Sie zunächst eine Methode, die Sie anspricht, einige Male. Es kann sein, dass Sie feststellen, dass unterschiedliche Methoden gut zu unterschiedlichen Situationen passen.

Eine Art der Selbsthypnose

Stellen Sie sich vor, wie Ihre innere Stimme sanft zu Ihnen spricht:

Mein Gebiss entspannt sich – mein Gebiss ist entspannt.

Mein Kopf entspannt sich – mein Kopf ist entspannt.

Mein Oberkörper entspannt sich – mein Oberkörper ist entspannt.

Meine Beine entspannen sich – meine Beine sind entspannt.

Wiederholen Sie die einzelnen Passagen, um tiefer zu entspannen. Sie können auch weitere Körperteile ansprechen. Je häufiger Sie diese Übung machen, desto besser schlafen Sie dadurch ein.

Der paradoxe Schluss-Tipp: Aufstehen!

Mitten in der Nacht aufwachen und nicht mehr einschlafen können und sich mehr als 20 Minuten im

Bett wälzen gilt als Schlaflosigkeit. Sie können aber auch ganz einfach aufstehen und die Wachzeit nutzen. Starten Sie mit einfachen Aktivitäten. Dinge, die so nebenbei erledigt werden können. Musik hören, Bildbände anschauen, Sachen sortieren. Nichts Aufregendes eben. Wenn Sie ein Aquarium besitzen, dann schauen Sie den Fischen zu, das beruhigt. Die körperliche Betätigung bringt den Organismus in einen Aktivstatus. Dieser hilft uns dann, wieder besser passiv zu werden und einzuschlafen.

Ist ein (Wieder-)Einschlafen über mehr als vier Wochen nicht möglich, liegt vermutlich eine behandlungsbedürftige Schlafstörung vor.

Insomnie – das ist die Fachbezeichnung für belastende Ein- oder Durchschlafstörungen bzw. unerholsamen Schlaf – darf in der Auswirkung nicht unterschätzt werden. Die Ursachen sollten unbedingt mit einem Mediziner überprüft werden.

Hilfestellung geben auch die Deutsche Gesellschaft für Schlafforschung (www.dgsm.de), die eine Übersichtsliste der Schlaflabore in Deutschland auf ihrer Internetseite bereithält, sowie einige Selbsthilfegruppen wie zum Beispiel die Selbsthilfegruppe Schlaf:
http://www.shg-schlaf.org/

Nachts nicht schlafen zu können ist häufig in einem stressreichen Tagesgeschehen begründet. Fügen Sie ihrem persönlichen Schlafhygiene-Programm noch passende Tagesentspannungsroutinen bzw. Pausen bei. Dadurch wird der Alltag auch in hektischer Umgebung ruhiger. Ihre Gedanken beruhigen sich mit der Zeit schneller, Stress kommt dadurch nicht mehr so leicht an Sie heran. Sie werden widerstandsfähiger. Sie bauen eine Resilienz auf. Sie kommen wieder häufiger in den Flow und erleben mehr Freude am Tun – bei allem, was Sie tun.

Die effektivste Art, Stress abzubauen, besteht darin, sich auf den eigenen Atem zu konzentrieren. Die Aufmerksamkeit wird so auf etwas gelenkt, das in uns ist. Wir fokussieren uns von außen nach innen. Über das bewusste Atmen können wir auch direkt unser autonomes Nervensystem beruhigen. Eine einfache Übung dazu ist diese hier:

Entspannung einatmen

Stellen Sie sich bei jedem Einatmen vor, wie die einströmende Luft Entspannung in Ihren Körper bringt. Einatmen entspannt!

Beim Ausatmen lächeln Sie oder stellen sich vor, wie es aussehen würde, wenn Sie lächeln. Ausatmen macht happy und entspannt noch mehr!

Diese Methode hilft bei leichtem Stress meist sofort. Sind die Belastungen jedoch größer, ist es besser, die nachfolgende Methode mehrmals täglich konsequent anzuwenden. Denn hier gilt: Übung macht den Meister. Durch das Wiederholen lernt unser Körper, die Entspannung zu automatisieren. Sie können dann auch in stressigen Situationen schnell und sicher entspannen.

> ### Grundübung Stressabbau
> *Nehmen Sie in einer ungestörten Umgebung Platz und beschließen Sie, sich jetzt zu entspannen. Schließen Sie die Augen und legen Sie eine Hand auf Ihre Herzgegend. Richten Sie nun Ihre Aufmerksamkeit auf Ihre Herzgegend und bleiben Sie zwei bis drei Minuten in diesen Gedanken. Atmen Sie dabei in einem Rhythmus von jeweils ca. vier bis fünf Sekunden ein und aus.*

Stresspuffer selbst herstellen

Die Widerstandskraft gegen Stress nennt man Resilienz. Diese Widerstandskraft können wir selbst aktiv beeinflussen, indem wir Folgendes für uns tun: genügend schlafen, Sport machen, gesund ernähren, Kontakte pflegen sowie ein Hobby ausüben, häufiger Entspannungspausen einlegen, mehr Spaß am Leben haben. Prüfen Sie, inwieweit Sie selbst immer wieder förderlichen Einfluss auf diese Faktoren nehmen können. Schon das regelmäßige Pause-Machen hilft uns zu entspannen. Fünf Minuten reichen oft aus, damit sich die Gedanken neu ordnen können. In solchen Pausen empfiehlt es sich, die Grundübung Stressabbau oder auch einen Spaziergang zu machen. Wichtig ist die Unterbrechung. Gönnen Sie Ihrem Gehirn immer wieder eine Abwechslung.

Stress durch Vorsorge vermeiden lernen.
Denn jeder Stress hat eine Vorgeschichte!
Häufig verketten sich unglückliche Umstände miteinander. Hinterher stellen wir fest, dass sich einiges hätte vermeiden lassen, wenn wir mit mehr Ruhe an die Sache herangegangen wären. Bei wiederkehrenden Tätigkeiten helfen Vorausplanung und Ordnung, um den Stress zu vermeiden. Manchmal genügt einfaches Nachdenken oder jemanden um Rat zu fragen, um mögliche Stressquellen von vornherein zu eliminieren. Fragen Sie sich:

WO?
kann ICH heute ansetzen,
um Stress zu vermeiden?

Kopf halten
Anspannung und Hektik führen manchmal auch zu Kopfweh und Konzentrationsmangel. Hier gibt es eine galante Technik, um schnell wieder fit zu sein. Legen Sie eine Hand auf die Stirn und die andere auf den

Hinterkopf. Beobachten Sie die Gedanken. Lassen Sie zu, was gerade geschieht, einfach so. Sie werden merken, wie die Spannung nachlässt.

Fantasie, Spaß und Neugierde helfen generell, weniger stressanfällig zu sein. Humorvolle Menschen haben ein **entspannteres** und **längeres** Leben, weil sich die gute Stimmung auf unser Immunsystem auswirkt. Wir können also selbst viel für unsere Gesundheit tun, wenn wir das Lachen wieder mehr in den Lebensmittelpunkt rücken.

Lachen hilft – es ist erwiesen. Wer lacht, hat mehr vom Leben. Gelotologen (Lachforscher) haben herausgefunden: Kinder lachen bis zu 400-mal am Tag, Erwachsene nur noch 15-mal.

Eine Minute, die man lacht,
verlängert das Leben um eine Stunde.
Aus China

**Merke: Wer kein Lächeln mehr für Sie übrighat,
braucht es umso dringender.**

Wer den Tag mit Lachen beginnt,
hat ihn bereits gewonnen.

Ein Lächeln kostet nichts, bringt aber viel!

Checkliste zum Buch– Was lerne ich, was setze ich um?

Kapitel 1: Basiswissen Schlaf

Kapitel 2: Schlaf Vorbereitung

Checkliste zum Buch– Was lerne ich, was setze ich um?

Kapitel 3: Einschlafübungen

Allgemeine Beobachtungen:

Die Autoren:

Thomas Staehelin, Jahrgang 1962, geboren in Bern, hat Sozialwissenschaften studiert, in der Stress- und Systemforschung, Organisations- und Unternehmensberatung gearbeitet.

Er ist geschäftsführender Partner der +zone | Positivity Zone KG Research Facilitation Publikation, Berlin.

+zone ist ein Research-, Innovations- und Design-Unternehmen mit Fokus Organisations-Gesundheit + Resilienz und entwickelt Programme, Lösungen sowie Werkzeuge für international agierende Beratungs- und Zertifizierungsunternehmen, Krankenkassen und öffentliche Einrichtungen (+zoneINSIDE).

Er begeistert sich für das Schaffen von klugen Umfeldern für eine gesunde Leistungskultur, mehr Freude am Tun und echter Meisterschaft.

www.plus-zone.info

Klaus Kampmann, geboren 1962 in Sindelfingen, hat über 20 Jahre lang Erfahrungen als Referent internationales Marketing und Training in einem Technologieunternehmen gesammelt.

Seit 2006 ist er Inhaber von Kampmann Coaching und unterstützt als Förderer der genialen Gelassenheit Unternehmer und Unternehmen bei der persönlichen positiven Weiterentwicklung.

Hierzu vermittelt er funktionierende Konzepte, die innerhalb kurzer Zeit gelernt werden können und nachhaltig wirken. Er ist bekannt aus TV, Radio und Zeitung. Zahlreiche Referenzen seiner Kunden, dazu gehören DAX-100- und DOW-30-Konzerne, bestätigen die hohe Wirksamkeit seiner Methoden.

Er ist zertifizierter Mittelstandsberater im IBWF und aktives Mitglied im DACH-Verband Positive Psychologie.

www.kampmann-coaching.de

Alexander Borbély: Schlaf, Fischer 2004.

Reinhard Breuer: Schlaf: Ein Phänomen und seine Störungen, in: Spektrum Spezial 3/09.

Ingo Fietze: Über guten und schlechten Schlaf, Kein & Aber 2015 Berlin/Zürich.

Arianna Huffington: Die Schlafrevolution, Plassen Verlag 2016.

Tobias Hürter: Du bist, was Du schläfst, Piper 2011.

Achim Leder: Komfortgewinn für Passagiere auf Langstreckenflügen, Springer Gabler 2016.

Guy Meadows: Schlaf gut! Das Geheimnis erholsamer Nachtruhe, Rowohlt TB 2016.

Ph. D. Sara C. Mednick: Take a nap, workman 2006.

Dr. Tilmann Müller: Schlaf erfolgreich trainieren, Hogrefe Verlag 2009.

Norman Rosenthal: Winter blues: Everything You Need to Know to Beat Seasonal Affective Disorder, The Guilford Press 2012.

Til Rönneberg: Wie wir ticken: Die Bedeutung der Chronobiologie für uns, DuMont, 2012.

Peter Spork: Das Schlafbuch: Warum wir schlafen und wie es uns am besten gelingt.

Peter Spork: Wake up! Aufbruch in eine ausgeschlafene Gesellschaft, HANSER 2014.

Frauke und Wilfried Teschler: Einfach schlafen, Nymphenburger Verlag 2006.

Hans Günther Weeß: Die schlaflose Gesellschaft,

Schattauer 2016, Stuttgart.

Prof. Richard Wiseman: Super Schlaf, Fischer Verlag Frankfurt 2015.

Dr. med. Eberhard J. Wormer, Gut schlafen erholsame Nächte, Helmut Lingen Verlag Köln 2015.

Prof. Fr. Jürgen Zulley: Die kleine Schlafschule, Herder Verlag 2002/2011.

und: Wach und fit, Herder Verlag 2004.

Report:
BGAG Institut Arbeit und Gesundheit der Deutschen Gesetzlichen Unfallversicherung, Report 2/2009: Optimale Beleuchtung bei Schichtarbeit

Weitere Quellen:
Deutsche Akademie für Gesundheit und Schlaf
www.dags.de

Bundesverband Schlafapnoe und Schlafstörungen Deutschland BSD e.V. www.bsd-selbsthilfe.de

Deutsche Restless Legs Vereinigung
www.restless-legs.org

Deutsche Narkolepsie-Gesellschaft e.V.
http://www.dng-ev.de

Schlafmedizinisches Zentrum TU-München
http://www.schlafzentrum.med.tum.de/

Universitäres Schlafmedizinisches Zentrum Regens-

burg-Donaustauf
http://schlaf-medizin.de/

Allgemeiner Verband Chronische Schlafstörungen
Deutschland e.V. – AVSD
http://www.avsd.eu

World association of sleep medicine
http://wasmonline.org/

Deutsche Stiftung Schlaf
http://www.schlafstiftung.de/

Fatigatio e.V.
Bundesverband Chronisches Erschöpfungssyndrom
http://www.fatigatio.de

Tony Schwartz
www.theenergyproject.com

Jeff Iliff auf ted.com
http://www.ted.com/talks/jeff_iliff_one_more_reaso
n_to_get_a_good_night_s_sleep

Software:
Die kostenfreie Software F-lux passt die Monitor-
Farbtemperatur automatisch der Tageszeit an. Die
Blaulichtanteile am Monitor werden nach Sonnenun-
tergang automatisch verringert.
https://justgetflux.com/

„Freude am TUN"
ist ein wichtiger Bestandteil unseres Lebens.
Wir leben nach diesem Motto und unterstützen
Menschen und Organisationen bei ihrer Umsetzung.

Das Flow-Erlebnis ist ein natürlicher schöpferischer
Zustand, in dem wir leicht geniale Leistungen voll-
bringen. Der Begriff Flow wurde von dem Forscher
Mihaly Csikszentmihalyi bereits in den 1990er Jahren
geprägt.

Leben im Flow und Arbeiten in der "Zone" bedeuten,
klüger entscheiden, gesunde Haltung und Leis-
tung, mehr Freude am Tun.

123miniTIPPS.de